Wandern mit Kindern

Mallorca

Wolfgang Heitzmann

BRUCKMANN

DER AUTOR
Wolfgang Heitzmannn Jahrgang 1958, ist als Reiseredakteur und Alpinjournalist besonders gern in Südeuropa unterwegs. Er ist Autor von 26 Büchern, von denen einige in andere Sprachen übersetzt wurden.

Ein kostenloses Gesamtverzeichnis erhalten Sie beim
Bruckmann Verlag
D-81664 München

www.bruckmann.de

Lektorat: Kerstin Müller
Layout: Der Buchmacher Arthur Lenner, München
Kartografie: Elsner & Schichor, Karlsruhe
Herstellung: Thomas Fischer

Alle Angaben dieses Werkes wurden vom Autor sorgfältig recherchiert und auf den aktuellen Stand gebracht sowie vom Verlag geprüft. Für die Richtigkeit der Angaben kann jedoch keine Haftung übernommen werden. Für Hinweise und Anregungen sind wir jederzeit dankbar. Bitte richten Sie diese an:
Bruckmann Verlag
Lektorat
Innsbrucker Ring 15
D-81673 München
E-Mail: lektorat@bruckmann.de

Bildnachweis: Umschlagvorderseite: laif Photos & Reportagen, Köln
Alle Fotos im Innenteil von Wolfgang Heizmann.

Die Deutsche Bibliothek – CIP-Einheitsaufnahme
Ein Titeldatensatz für diese Publikation ist bei der Deutschen Bibliothek erhältlich.

Printed in Italy by Printer Trento
ISBN 3-7654-3998-3

PIKTOGRAMME ERLEICHTERN DEN ÜBERBLICK:

Schwierigkeitsgrad:

- ○ leicht
- ◐ mittel
- ● anspruchsvoll

- Weglänge
- Gehzeit
- Höhenunterschied

ZEICHENERKLÄRUNG ZU DEN WEGSKIZZEN

A4 9	Autobahn		Aussicht
40	Hauptstraße		Einkehr/Hütte
	Landstraße		Kirche/Kloster
	Nebenstraße/Ortsstraße		Turm
	Fahrweg		Museum
	Forstweg		Therme
	Fußpfad		Denkmal
	Bahnlinie mit Bahnhof		Schloss/Burg/Ruine
A E	Tourenführung mit Anfangs- und Endpunkt		Höhle/Grotte
	Tourenvariante		prähistorische Fundstelle
Sóller	Sehenswerter Ort/Stadt		Strand
▲	Gipfel		Camping
	Pass		Rastplatz
	Quelle - Wasserfall		Information
P	Parkmöglichkeit		

INHALT

Wandern mit Kindern auf Mallorca

Wanderungen auf der Mittelmeerinsel Mallorca unterscheiden sich grundlegend von Touren im heimatlichen Mitteleuropa. Das soll Sie jedoch keinesfalls davon abhalten, diese wunderbare Insel mit Ihren Kindern per pedes zu durchstreifen – sie bietet auch für den Nachwuchs interessante Routen und viele Überraschungen.

Welche Tour für welches Kind?

Eine allgemein gültige Antwort gibt es darauf nicht, denn selbst in vergleichbaren Altersstufen können momentane Lust, Ausdauer und Kondition sehr unterschiedlich sein. Eltern und Wanderbegleiter von Kindern werden daher nie um individuelle Entscheidungen herumkommen.

Der Alpinlehrplan des Deutschen und Österreichischen Alpenvereins skizziert den Rahmen der Möglichkeiten etwa folgendermaßen:

- bis 4 Jahre: erste kurze »Kraxenwanderungen« auf dem Rücken der Eltern – mit langen Spielpausen in ungefährlichem Gelände, wobei der Nachwuchs früher oder später selbstständige Gehversuche probieren wird. Vorsicht: Die Kleinen haben in der Kraxe nur wenig Bewegungsfreiheit und beginnen bei kühlem Wetter ohne gute »Verpackung« schnell zu frieren. Und beim Bergabgehen wird jeder Stoß beim Auftreten des elterlichen Fußes bis in ihre noch nicht so gefestigten Knochen und in ihre Augen übertragen!
- 4 bis 6 Jahre: zwei- bis vierstündige Wanderungen auf gefahrlosen Wegen. Für diese Altersgruppe sollte man besonders interessante Ausflugsziele und geeignete Rastplätze für großzügige Spielpausen wählen, die den Kindern schon ein wenig Freiheit gewähren.
- 6 bis 9 Jahre: Die Wege werden länger, erfordern schon das Beherrschen unterschiedlicher Geländeformen – und münden in die ersten harmlosen Klettersuche an Felsblöcken.

Die Cala Murta auf der Südseite der Halbinsel Formentor ist ein toller Spielplatz.

• 9 bis 14 Jahre: Nun sind mit entsprechender Pausengestaltung bis zu fünf Stunden Tagesgehzeit »drin«, wobei die Bereitschaft zu länger dauernden Unternehmungen mitunter wieder abnehmen kann. Die Begeisterung lässt sich jedoch durch Mitbestimmung und wiederum durch ganz besonders spannende Tourenziele wecken.

Der Puig Tomir in der Serra de Tramuntana ist ja eigentlich kein Kinderrevier – Trittsicherheit und elterliche Aufsicht sind hier unumgänglich.

• Ab 12 oder 13 Jahren (bei Mädchen) bzw. 13 oder 14 Jahren (bei Jungen): In der nun einsetzenden Pubertät werden die ersten selbstständigen (Gruppen-)Touren geplant und durchgeführt – oder die Sprösslinge verlieren, ganz im Gegenteil, jede Begeisterung fürs Wandern.

Eines zeigt sich jedenfalls durch alle Lebensabschnitte: Gemeinsam mit Gleichaltrigen macht es viel mehr Spaß als allein mit den Großen!

Wann wandern?

Grundsätzlich kann man auf Mallorca das ganze Jahr über wandern. Eine erste Orientierung geben die durchschnittlichen Tagestemperaturen in Palma:

Januar 14 °C, Februar 15 °C, März 17 °C, April 19 °C, Mai 23 °C, Juni 27 °C, Juli 29 °C, August 30 °C, September 27 °C, Oktober 23 °C, November 18 °C, Dezember 15 °C.

Um etwa 2 °C kühler ist es im 550 m hoch gelegenen Kloster Lluc in der Serra de Tramuntana. Zwischen der Küste, der Inselebene und dem Gebirge ist das Wetter oft sehr unterschiedlich, und auch plötzliche Wetterumschwünge kommen vor. Der meiste Niederschlag fällt zwischen Oktober und März in der Serra de Tramuntana, wobei es auch sehr stürmisch werden kann. Ab Dezember sind die Gipfel über 900 m gelegentlich schneebedeckt. Im Hochsommer geht trotz der hohen Luftfeuchtigkeit kaum Regen nieder.

Die "verknitterte" Zistrose zählt zu den häufigen Pflanzen auf Mallorca.

Die schönste Wanderzeit genießt man im Frühjahr, wenn alles zu blühen beginnt. Auch der Herbst bietet seine Vorzüge – allerdings können ab September die ersten kurzen, heftigen Gewitter (gota fria) losbrechen. Im Winter ist das Wetter sehr unbeständig, doch mit etwas Glück kann man auch ein paar Tage mit angenehmem Wanderwetter (und herrlichen Lichtstimmungen) erwischen. Die hochsommerlichen Tagestemperaturen bis manchmal 40 °C legen dagegen eine Beschränkung auf Küstenwanderungen und Waldwege nahe – oder man bricht in der Morgendämmerung auf, genießt den Sonnenaufgang und liegt zur Siesta schon wieder am Strand.

Blühende Mandelbäume vor einer Windmühle bei Sineu auf der Inselebene.

Ausrüstung

Für die Allerjüngsten steht heute eine reiche Auswahl von guten Traggestellen mit Kopf- und Fußstützen zur Verfügung. Besonderes Augenmerk richte man auf einen guten Kälte-, Wind- und Regenschutz. Mit den ersten Gehversuchen bekommt jeder einmal seinen eigenen Rucksack: Gerade die Kleinsten tragen ihn meist mit großem Stolz (vielleicht gefüllt mit dem Lieblings-Stofftier).

Nun beginnt auch das Problem mit den Schuhen: Viele Küsten- und Berggebiete Mallorcas erinnern an die Kalkalpen – dort sollten die Kleinen genauso wie die Großen nur mit festen, über die Knöchel reichenden Wanderschuhen mit Profilgummisohle losgehen. Turnschuhe mit glatten Sohlen eignen sich nur für Spaziergänge und einfache Waldwanderungen – im zerklüfteten Berggebiet erhöhen sie das Risiko einer Fußverletzung, und im scharfkantigen Küstengestein werden sie nicht alt.

Mallorcas Berge und Küsten erfordern solide Schuhe mit griffiger Sohle.

Je nach Jahreszeit und Tourengebiet benötigt

man auf Mallorca mehr oder weniger warme, auf jeden Fall aber funktionelle Kleidung sowie eine Jacke gegen Regen und Wind. Bewährt haben sich schnell trocknende Trans-Tex-Shirts, leichte Fleece-Pullover und atmungsaktive Gore-Tex-Jacken (mit Kapuze). Nehmen Sie auf jeden Fall ein Reserveshirt mit – auf den oft windigen Küstenklippen und im Berggebiet erkältet man sich mit verschwitzter Kleidung rasch. Im Sommer braucht jeder unbedingt einen Sonnenhut bzw. eine Kappe. Kurze Hosen machen nur auf sommerlichen Wald- oder Felstouren Freude – im scharfen Dissgras und Stechginster holt man sich ohne lange Hosen rasch blutige Beine.

Ein Rucksack ist auch auf einer Mittelmeerinsel unentbehrlich…

Im Frühjahr, Herbst und Winter kann es auch im Süden empfindlich kalt werden – dann benötigt man wie in den Alpen mehrere Kleidungsschichten, die eine »stufenlose« Anpassung an die Temperatur ermöglichen: Unterwäsche und Shirt, Pulli, Anorak. Bei schneidendem Wind ist auch die Mitnahme von Mütze und Handschuhen nicht übertrieben.

Was sonst noch im elterlichen Rucksack drin sein sollte: eine kleine Tourenapotheke mit Rettungs-Aludecke, eine Trillerpfeife fürs alpine Notsignal, das Handy, die entsprechende Wanderkarte – und Sonnencreme mit hohem Schutzfaktor!

Essen & Trinken

Die frische Meeres- und Gebirgsluft macht Groß und Klein hungrig. Die Auswahl der Verpflegung wird vor allem von der Bekömmlichkeit bestimmt: nicht zu fett, nicht zu salzig und damit nicht zu viel Durst erzeugend. Besondere Leckerbissen werten jede Unternehmung auf: Herrlich mundet etwa ein Picknick mit frischem Brot mit formatge (Käse), cuixot (luftgetrocknetem Schinken), sobrassada, xoric oder llonganissa (würzigen, mit Paprika rot gefärbten Wurstspezialitäten). Gutes erhält man auch in Bäckereien – z.B. coques (ähnlich einer Gemüsepizza,

… allein schon wegen der köstlichen Marschverpflegung!

Besonders köstlich schmeckt der Orangensaft im "Goldenen Tal" von Sóller.

nur ohne Käse), coca de brossat (Käsekuchen) oder cocarrois (Teigtäschchen mit Spinatfüllung, Pinienkernen und Rosinen); Leckermäuler freuen sich über ensaïmades (die luftigen, in Schmalz gebackenen Hefeteigschnecken).

Viel wichtiger als das Essen ist das Trinken. Im heißen Süden brauchen Kinder viel mehr Flüssigkeit als Erwachsene – daher: nicht erst trinken, wenn der Durst übermächtig wird, sondern so oft es geht: Nehmen Sie mindestens eine volle 1- oder 1,5-Liter-Flasche pro Person mit. Bewährt haben sich Mineralwasser (am besten »sin gas«, also ohne Kohlensäure), Früchtetee oder gewässerter Apfelsaft. Süße Limos oder Cola erzeugen eher noch mehr Durst. Kaufen Sie das Wasser im Supermarkt – am besten in 5-Liter-Behältern, aus denen kann man Einzelflaschen immer wieder füllen – so spart man Müll. Quellen oder Brunnen ist auf Mallorca nur in ganz seltenen Fällen zu trauen, und aus dem Wasserhahn im Hotel tröpfelt meist nur ein schales Rinnsal. Warme Getränke für kleinere Kinder oder an kalten Tagen nimmt man in einer Thermosflasche mit.

Minimierung des Risikos

Die beste Ausrüstung bietet keinen Schutz gegen das Risiko, das durch Unvernunft und Selbstüberschätzung heraufbeschworen wird. Es ist einerseits ein weit verbreiteter Unsinn, mit Kindern nur völlig harmloses und somit langweiliges Gelände aufzusuchen – ein bisschen Spannung würzt jede Outdoor-Unternehmung.

Andererseits muss der oder die Verantwortliche die Kinder dabei sehr genau einschätzen können. Muten Sie dem Nachwuchs niemals zu viel zu: Beobachten Sie die Kinder unterwegs genau und kehren Sie rechtzeitig um, wenn Sie Anzeichen von Überforderung erkennen. Mit dem eigenen Wissen und Können muss man unterwegs jede Situation im Griff haben!

Über den Zaun klettern gehört zu den kleineren Hindernissen auf Mallorca.

Dazu gehören eine gewissenhafte Tourenplanung, die genügend Zeit- und Konditionsreserven mit berücksichtigt, die selbstverständliche Ausrichtung des Vorhabens nach dem schwächsten Teilnehmer – und viel Selbstdisziplin, die eigenen Grenzen ehrlich abzustecken. Wer sich nicht ganz sicher fühlt, sollte sich einem der örtlichen WanderführerInnen anvertrauen (Infos in vielen Hotels oder in den OIT-Tourismusbüros).

Die "Große Route" durch die Serra de Tramuntana ist eine der wenigen beschilderten Routen.

Schwierige Orientierung

Mit der Orientierung auf Mallorca kann es durchaus schwierig werden. Nur wenige Wege sind beschildert oder mit Farbpunkten markiert. Meist ist man auf das eigene Weggespür angewiesen und kann allenfalls nach kleinen Steinpyramiden (»Steinmännchen«) Ausschau halten, die entlang vieler Routen gesetzt worden sind. Dies ist in aller Regel kein großes Problem; überall ist ihnen aber nicht zu trauen: Achtung, wer hier ohne gutes Kartenmaterial – und ohne Erfahrung mit seiner Handhabung – unterwegs ist. Kehren Sie um, wenn Sie den Weg verloren haben oder wenn Nebel aufkommt – im unwegsamen Küsten- und Berggelände verirrt man sich rasch. Größere Kinder sollten in die Tourenplanung zu Hause und in das ständige Kartenstudium vor Ort mit einbezogen werden – und lassen Sie die Youngsters unterwegs ruhig auch einmal allein »führen«.

Wichtige Wanderregeln

Gefahr Nr. 1: Feuer! Vor allem im Sommer drohen Waldbrände, denen immer wieder große Flächen zum Opfer fallen. Es wäre wirklich unverantwortlich, unterwegs Feuer anzuzünden – die Großen sollten mit gutem Vorbild vorangehen und auf die gewohnten Zigaretten verzichten.

Weite Teile Mallorcas befinden sich in Privatbesitz, und anders als in Mitteleuropa ist die Interpretation eines öffentlichen Wegebegehungsrechts sehr umstritten. Treffen Sie unterwegs auf den Grundbesitzer oder auf Landarbeiter, dann fragen Sie nach einem freundlichen »bon dia« oder »buenos dias«, ob Sie das Grundstück passieren dürfen: »Puedo pasar, por favor?« Sprachunkundigen empfiehlt der Wanderexperte Herbert Heinrich, folgenden Zettel auf Mallorquí vorzuzeigen:

»Ens sap greu no parlar mallorquí, però som excursionistes i li demanam per favor que ens deixi passar per laseva finca en pla d'excursió. Moltes gràcies!«

Das bedeutet: Wir sprechen leider nicht Mallorquí, aber wir sind Wanderer und bitten um die Erlaubnis, Ihr Grundstück durchwandern zu dürfen. Vielen Dank!

Lassen Sie Tore und Viehgatter immer so zurück, wie Sie sie vorgefunden haben: Wo geschlossene Gatter offen blieben, mussten schon ganze Schafherden tagelang wieder zusammengetrieben werden; wo offene Pforten zugemacht wurden, waren die Tiere plötzlich von ihren Wasserstellen abgeschnitten.
Es trägt sicher nicht zum Wohlwollen der Einheimischen bei, wenn einige Reiseführer empfehlen, Obst am Weg einfach zu pflücken: Tun Sie das bitte nur mit ausdrücklicher Erlaubnis des Besitzers!
Lärmen Sie nicht und lassen Sie keinen Müll zurück. Parken Sie Ihr Auto nie ohne Erlaubnis auf Privatgelände, verstellen Sie keine Ausfahrten – und lassen Sie nichts im Fahrzeug liegen!
Abseits der Orte erwartet Sie praktisch vor jedem Haus mindestens ein Hund. Die laut bellenden Wächter sind in aller Regel hinter Gittern oder angekettet. Wenn nicht: Ruhe bewahrten und keinesfalls die Flucht ergreifen; signalisieren Sie dem Tier, dass Sie es nicht beachten. Die Mitnahme des eigenen Vierbeiners ist nirgends gern gesehen und auf einigen Routen dezidiert verboten.

Privatgrund, Wegsperren und öffentliche Gebiete

Die Unhöflichkeit mancher Wanderer und die Missachtung primitivster Regeln haben einige Grundbesitzer so verärgert, dass sie den Durchgang über ihr Gebiet gesperrt haben. Dies betrifft z.B. die Wege von Pollença bzw. Cala de Sant Vicenç zum Castell de Rei, von Sóller über die Finca s'Arrom in den Barranc de Biniaraix oder die Nordwestseite der Serra de na Burguesa (aktuelle Infos in den örtlichen Tourismusbüros). Als Gegenstrategie haben Staat, Inselregierung oder Gemeinden zahlreiche Grundstücke als »finques publiques« aufgekauft oder eingebracht. Die meisten dieser öffentlich zugänglichen Areale liegen in der Serra de Tramuntana, aber auch der Puig de Maria bei Pollença oder die Halbinsel Victòria bei Alcúdia sind frei zugänglich.

Mallorquí für Wanderer

aigua	Wasser
a la dreta	rechts
a l´esquerra	links
aljub	überdecktes Wasserbecken
atenció	Achtung, Vorsicht
avenc	Felsschlund, Doline
avinguda	Allee
badia	Bucht
baixar	absteigen
barraca	Steinhütte
barranc	Schlucht
bosc	Wald
cala	Bucht
caló	kleine Bucht
camí	Weg
camí particular	Privatweg
camp	Feld
can (von ca en…)	Haus von…
canaleta	Bewässerungskanal
cap	Kap, Kopf
carena	Bergkamm, Grat
carrer	Straße
carretera	Landstraße
casa	Haus
castell	Burg
cingle	Felswand
ciutat	Stadt
clot	Grube
coll	Bergsattel, Schlucht, Pass
com es va a…	Wie komme ich nach…
coma	Talsohle
costa	Küste
cova	Höhle
creu	Kreuz
embassament	Stausee
entrada	Eingang
estret	schmal
ermita	Einsiedelei
excursió (a peu)	Wanderung
fàcil	leicht
far	Leuchtturm
finca	Grundstück, Landgut
font	Quelle
forn de calç	Kalkofen
gorg	Klamm
grava	Schotter
hort	kleiner Garten
illa	Insel
llevant	Osten
lluny	weit
mar	Meer
mirador	Aussichtspunkt
mola	gewaltige Masse
molí	Mühle
mont (auch munt)	Berg
morro	Felskopf
muntanyisme	Bergsport, bergsteigen
nord	Norden
obert	geöffnet
oest	Westen
paret	Wand
paret seca	Trockenmauer
pas	Pass
passeig	Spazierweg
penós	schwierig
penya	hoher, spitzer Fels
penyal	einzelner Fels, Klippe
perillós	gefährlich
pla	Ebene
platja	Strand
poble	Dorf
pont	Brücke
port	Hafen
pou	Brunnen
prohibit passar	Durchgang verboten
proper	nahe
puig	Gipfel
pujar	aufsteigen
pujol	Anhöhe
punta	Landspitze
racó	Ecke, Winkel
refugi	Schutzhütte
roca	Fels
rotlo de sitja	runde Steinfläche, Köhlerplatz
rosseguera	Geröllfeld (eigentlich Holzrutsche)
safareig	offenes Wasserbecken
santuari	Wallfahrtskirche
senda	Fußpfad
serra	Bergkette
Son	besitzanzeigend für Gutshof
sud	Süden
talaia	Wachturm
talaiot	prähistorischer Turm
tanca	Gehegemauer
tancar	schließen
tancat	geschlossen
torre	Turm
torrent	Wildbach, Trockenbett
vall	Tal
verger	Obstplantage

WOHIN MIT DEN KINDERN?

Attraktionen und Ausflugsziele

S'ALBUFERA (PARC NATURAL S'ALBUFERA)

Sumpfvögel lassen sich in der Albufera gut beobachten.

Lage: zwischen der Bucht von → Alcúdia sowie den Orten sa Pobla und Muro. Das größte Feuchtbiotop Mallorcas wurde 1988 zum Naturpark erklärt: Vom einst 4000 ha großen, im 19. Jh. (eher vergeblich) zur Landgewinnung trockengelegten Lagunen- und Sumpfgebiet blieben damit zumindest 1700 ha erhalten. Ebene Wege laden hier vor allem zum Radeln ein (täglich 9–19 Uhr, im Winter bis 17 Uhr). Die Hauptroute führt vom Eingang an der Pont dels Anglesos (an der Hauptstraße zwischen Port d'Alcúdia und Can Picafort) zum Informationszentrum (9–13 und 14–17 Uhr); von dort aus gibt es kurze markierte Wege zu Aussichts- und Vogelbeobachtungsplätzen.

Tipp: Fernglas mitnehmen!

ALCÚDIA & PORT D'ALCÚDA

Höhe: 20 m
Einwohner: 6600

Lage: im Nordosten Mallorcas, 53 km von → Palma entfernt.
Mit seinen schönen Stränden und touristischen Einrichtungen bietet Port d'Alcúcia viel für Familien. Doch auch der benachbarte Hauptort Alcúdia ist einen Abstecher wert: Die einstige Inselhauptstadt geht auf arabische Wurzeln zurück (al-kudia = auf dem Hügel), und aus der Römerzeit gibt es interessante Ruinen zu besichtigen (nur mit Führung). Die 1362 entstandenen Stadtmauern, ihre mit Zinnen gekrönten Tore und die verwinkelten Gassen der Altstadt versetzen nicht nur die Kleinen in vergangene Zeiten.
Sehenswert: Museo Monográfico de Pollentia (Di–Fr 10–13.30 und 17–19 Uhr, Sa/So 10.30–13 Uhr).

AQUACITY

Lage: bei s'Arenal, an der Autovia Palma–Arenal bei km 15.
Mallorcas größter Wassererlebnispark (150 000 m²) steht in der Wunschliste der Kids natürlich ganz oben. Über 16 Attraktionen wie eine mehrspurige Riesenrutschbahnen mit Buckeln, Röhren und Steilpassagen, der mit Gummireifen befahrbare »Rio Bravo« und die »Black hole«, ein Abenteuersee und wilde Wellenschwimmbecken, Rollschuhbahn und Reptilienschau, Sportplätze für die Größeren und Wasserspielbecken für die Kleinen, Restaurants, Eisdielen und Picknickwiesen lassen keine Wünsche offen (täglich 10–19 Uhr).

Extra: Kleinere und weniger aufwändige, aber auch etwas ruhigere Erlebnisbäder gibt es auch an der Straße von Palmanova nach Cala Figuera (Aquaparc), bei Port d'Alcúdia (Hídroparc) oder im → Foro de Mallorca an der Landstraße Palma–Inca (Aqualandia).

BANYALBUFAR

Höhe: 100 m
Einwohner: 650

Lage: an der steilen Nordwestküste zwischen Andratx und → Valldemossa, 25 km von → Palma entfernt.
Die Araber haben den Obst- und Gemüseanbau auf Mallorca perfektioniert – daran erinnern die mühsam errichteten und ausgeklügelt bewässerten Terrassen rund um den Ort bis heute. Ein Spaziergang hoch über dem Meer oder zum winzigen Hafen des Dorfes lohnt sich. Unbedingt stoppen sollte man auch auf der Fahrt Richtung Estellencs, und zwar nach etwa 1 km beim fantastisch gelegenen Aussichtsturm ses Ànimes.

Kein Schwimmbad, sondern eines der vielen Bewässerungsbecken in Banyalbufar.

BOTANICACTUS

Lage: 1 km östlich von ses Salines im Süden der Insel.
Ein Hauch von Wildwest: Der große botanische Garten bietet 12 000 Kakteenarten aus aller Welt, darunter einen 300 Jahre alten

Riesenkaktus aus Arizona, eine bunt blühende Sammlung mallorquinischer Pflanzen und einen Palmenhain am künstlichen See (täglich 9–19 Uhr).

CABRERA (PARC NACIONAL DE CABRERA)

Lage: 12 km südwestlich des Cap de ses Salines an der Südspitze Mallorcas.

1991 wurde der Archipel um die 1836 ha große »Ziegeninsel«, die zahlreichen gefährdeten Tierarten (z.B. der Balearen-Eidechse oder Meeresschildkröten) Heimat gibt, zum ersten spanischen Insel- und Meeres-Nationalpark erklärt. Die Burgruine auf Cabrera stammt aus dem 14. Jh. und entstand als Bollwerk gegen die Piraten, die sich oft auf der abgelegenen Insel versteckten. Machen Sie Ihren Kindern eine Freude und überraschen Sie sie mit einer Boots-Überfahrt von Colònia de Sant Jordi (ab 9.30 Uhr) mit Inselführung.

CALA FIGUERA

Abendstimmung in Cala Figuera.

Lage: im Südosten der Insel nahe Santanyí.

Das recht ursprünglich gebliebene Fischerdorf liegt in einem zauberhaften »Fjord« und lädt zu einem vergnüglichen Spaziergang über die Hafenmole ein – bei Flut muss man da und dort sogar ein wenig übers Wasser hüpfen. Immer wieder kann man den Fischern bei ihrer Arbeit zusehen.

CAN GORDIOLA

Lage: bei Algaida, an der Straße Palma–Manacor bei km 19.
Hier zeigen Glasbläser ihre Kunst: Feuer züngelt, Metallstangen werden geschwenkt, und mit viel Feingefühl entstehen zerbrechliche Kunstwerke. Dazu gibt es ein Glasmuseum zu besichtigen (werktags 9–20 Uhr sowie sonn- und feiertags 9–13 Uhr).

Einst Gefängnis, heute Aussichtsplattform: der Bergfried des Castell de Bellver.

CASTELL DE BELLVER

Höhe: 112 m

Lage: westlich oberhalb des Hafens von → Palma (Zufahrt beschildert, zu Fuß auf dem Treppenweg vom Stadtteil Terreno erreichbar).
Außen abweisende Festungsmauern, dahinter ein lichter Innenhof mit doppelgeschossigen Loggien, ein Burggraben und ein frei stehender Turm, der einst ein gefürchtetes Gefängnis war – so präsentiert sich Palmas »Burg-Wahrzeichen« (8–20.30 Uhr, sonn- und feiertags 10–19 Uhr, sonn- und feiertags im Juli und August 10–14 und 16–21 Uhr).
Tipp: Herrlicher Blick auf Palma und seine Bucht; Naturlehrweg im ehemaligen Jagdpark unterhalb des Schlosses.

COVES D'ARTÀ

Lage: im Nordosten der Insel an der Cala Canyamel, 12 km südöstlich von Artà und 10 km von Capdepera entfernt.
Hinter einem gewaltigen, vom Ruß kriegerischer Auseinandersetzungen geschwärzten Felsportal direkt über dem Meer verbirgt sich eine sehenswerte Schauhöhle: Ihr fantastischer Tropfsteinschmuck – von hauchdünnen Stalagmiten bis zu wunderlichen Riesengebilden aus Stein – ist bunt beleuchtet, die Führung ist mit klassischer Musik »unterlegt« (täglich 10–19 Uhr, im Winter bis 17 Uhr).
Tipp: Schließen Sie sich möglichst kleinen Gruppen deutschsprachiger Besucher an.

COVES DE CAMPANET

Lage: 3 km nördlich von Campanet, Zufahrt von der C-713 (Palma–Alcúdia) beschildert.

Die am wenigsten bekannte unter den großen Schauhöhlen Mallorcas ist vielleicht die interessanteste für Kinder: Hier werden nur kleine Gruppen durch eine 3 200 m^2 große Unterwelt mit zarten, dezent beleuchteten Tropfsteinen und unterirdischen Fantasiegebilden (»verzauberte Stadt«) geführt (täglich 10–19 Uhr).

COVES DEL DRAC & COVES DELS HAMS

Lage: in Portocristo an der Ostküste, etwa 13 km östlich von Manacor; beide sind gut beschildert.

Die Drachenhöhle, in der einst ein geschupptes Untier Piratenschätze gehütet haben soll, zählt heute zu den meistbesuchten Ausflugszielen Mallorcas: Sie birgt großartigen, grell-bunt beleuchteten Tropfsteinschmuck und einen der größten unterirdischen Seen der Welt, über den Boote mit Musikern gleiten (Einlass stündlich zwischen 10 und 17 Uhr).

Die Coves dels Hams (ham = Angelhaken) bieten noch feinere Stalagmiten und Stalaktiten; ihr Höhlensee, auf dem ebenfalls musiziert wird, ist kleiner (Führungen zwischen 10.30 und 17.30 Uhr).

SA DRAGONERA (PARC NATURAL SA DRAGONERA)

Lage: vor der Westspitze Mallorcas, direkt gegenüber von Sant Elm.

Seit 1995 steht auch die 4,2 km lange, 376 m hohe und bis zu 900 m breite »Dracheninsel« unter strengem Naturschutz; abgesehen von einem Inselwächter ist sie nach wie vor unbewohnt. Ein Weg verbindet die beiden Leuchttürme an den Inselspitzen, ein weiterer windet sich in steilen Serpentinen zum oberen Leuchtturm auf dem Gipfel nach Popi hinauf – auf der Nordwestseite bricht die Insel mit senkrechten Felswänden ab. Nahe dem Hafen klafft die versperrte Maurenhöhle mit ihrer Süßwasserquelle.

ELS CALDERERS DE SANT JOAN

Lage: zwischen Vilafranca und Sant Joan, ab der Straße Palma – Manacor beschildert.
Hier erlebt man eine Zeitreise durch die letzten 200 Jahre, die für größere Kinder durchaus interessant ist: Der um 1750 erbaute und nobel ausgestaltete Herrensitz Els Calderers de Sant Joan wurde mitsamt seinen Ställen und Werkstätten als Museum zugänglich gemacht. U.a. ist auch ein Kinderzimmer mit altem Spielzeug zu sehen, außerdem darf man kleine Kostproben bodenständiger Spezialitäten versuchen (täglich 10–18 Uhr).

FORO DE MALLORCA

Lage: nahe Binissalem, an der Straße Palma–Inca bei km 24.
Der älteste Freizeitpark Mallorcas wird vor allem wegen des angeschlossenen Wachsfigurenmuseums angesteuert – hier sind etwas steif wirkende Persönlichkeiten aus Spanien und Mallorca zu bewundern, vom urzeitlichen Steinschleuderer bis zur spanischen Königsfamilie, vom Maler Joan Miró bis zu regionalen Fußballstars (9–13 und 15–19 Uhr). Dazu gibt es auch einen kleinen Wassererlebnispark.

Der »Empfangschef« im Exotic Parque.

EXOTIC PARQUE »LOS PARAJOS«

Lage: nahe der Ostküste zwischen Portocristo und Portocolom, direkt an der Zufahrtsstraße zur Feriensiedlung Calas de Mallorca.
Der Empfangschef dieser gepflegten Anlage ist ein Papagei, dahinter stolzieren Pfauen herum, und in den Volieren sind mehr als 100 verschiedene Vogelarten aus aller Welt zu sehen. Daneben findet man hier auch stachelige Kakteen, und für die Kleinen gibt es einen Streichelzoo mit Lämmchen und Zicklein, die sich auf Futter freuen (täglich 10–19 Uhr, im Winter nur bis 18 Uhr).

GOLF FANTASIA

Lage: in Palma Nova (C/. Tenis, 3) und s'Arenal (Ctra. El Arenal, 56). Zwei schöne Gartenanlagen mit wirklich fantasievoll gestalteten 18-Loch-Minigolfplätzen, künstlichen Wasserfällen und geheimnisvollen Seehöhlen inmitten einer tropischen Vegetation (ganzjährig geöffnet).

LA GRANJA

Höhe: 290 m

La Granja, das »Museums-Anwesen«.

Lage: an der Straße von Esporles nach → Banyalbufar bzw. → Valldemossa.

Hier gibt es ein prachtvolles Herrenhaus zu besichtigen: Es liegt unterhalb einer großen, schon von den Römern genutzten Quelle. Interessant ist der Gang durch die Werkstätten, die landwirtschaftlichen Gebäude und den herrlichem Garten aus maurischer Zeit, die hauseigene Folterkammer ist allerdings nichts für Zartbesaitete. Für die insgesamt 60 Erlebnisstationen und den eigenen Wanderweg mit schönem Aussichtspunkt kann man sich mit kulinarischen Kostproben stärken (täglich 10–19 Uhr).

Tipp: Mi und Fr ab 15.30 Uhr Handwerks-, Musik- und Trachtenvorführungen.

JARDINS D'ALFÀBIA

Höhe: 240 m

Lage: Lage: 17 km nördlich von → Palma an der Straße nach → Sóller, direkt vor dem Südportal (Mautstation) des Straßentunnels.

Es ist fast wie in einem Märchen aus 1001 Nacht: Das einstige Anwesen eines arabischen Wesirs wurde zu einer kunstvollen und fast dschungelartig bewachsenen Gartenanlage ausgebaut. Zwischen exotischen Pflanzen und grünen Labyrinthen landet man schließlich in einer überwachsenen Pergola, in der auf Knopfdruck Wasser zu spritzen beginnt. Mitten im Grün steht das (ebenfalls zugängliche) Herrenhaus aus dem 14./15. Jh. (täglich 9.30–18.30 Uhr, Sa bis 13 Uhr, So geschlossen).

Wasser marsch: Spritziges Vergnügen in den Jardins d'Alfàbia.

▶ JUMAICA TROPICAL PARK

Lage: im Osten der Insel, an der Landstraße Portocolom–Portocristo bei km 4,5.

Nachdem man in der eher kargen Gegend eine reiche Wasserader entdeckte, entstand hier ein tropischer Garten mit seltenen Pflanzen und Tieren, Teichen und Wasserfällen. Das Herzstück der besuchenswerten Anlage ist natürlich Mallorcas einzige Bananenplantage (täglich 9–18 Uhr, im Winter 10–16.30 Uhr).

▶ LAFIORE

Lage: in s'Esgleieta an der Landstraße von Palma nach Valldemossa bei km 11.

Auch in dieser Glasbläserei kann man bei der Herstellung mundgeblasener Kunstwerke zusehen.

▶ MARINELAND

Lage: in Magaluf (Costa d'en Blanes), Zufahrt von der Autobahn Palma–Andratx über die Ausfahrt Portals Nous.

Springende Delfine, spielende Seelöwen, kauzige Papageien: Das Marineland steckt voller Attraktionen für den Nachwuchs. Zu sehen sind auch tropische Fische in einem Aquarium, Haie, exotische Vögel und ein Polynesischer Garten. Kinder bis 3 Jahre sind gratis dabei, bis 12 Jahre gibt es einen Spezialpreis (täglich geöffnet).

MINI GOLF PARADIS & SAFARI ZOO

Lage: in sa Coma an der Ostküste, an der Landstraße von Portocristo nach Cala Millor.

Neben dem altbekannten Sarari Zoo, in dem man 30 wilde Tierarten aus dem Auto oder aus dem parkeigenen Safari-Express beobachten kann, ist eine neue Minigolfanlage mit tropischem Touch entstanden (drei 18-Loch-Bahnen, ganzjährig geöffnet).

Halbwilden Ziegen begegnet man nicht nur im Tierpark

NATURA PARC

Lage: bei Santa Eugénia an der Landstraße Palma–Sineu nahe km 15. Mallorcas erste und umfangreichste Ausstellung von Rassetieren von den Balearen lädt zum Wandern und Beobachten ein.

NEMO – MALLORCA'S SUBMARINE (UNTERSEEBOOT)

Lage: in Magaluf (C/. Galeón, 2).

Einmal in einem richtigen U-Boot das Meer erkunden: Tauchen Sie ein in ein einmaliges Unterwasserpanorama, entdecken Sie ein altes Wrack und freuen Sie sich über bunt schillernde Fische in der Tiefe (für Kinder ab 3 Jahren).

PALMA DE MALLORCA – CIUTAT

Höhe: am Meer
Einwohner: 360 000

Lage: im Südwesten der Insel, an der weiten Bucht von Palma.

Für Kinder ist die quirlige, aber sehr angenehme und erstaunlich wenig »touristische« Inselhauptstadt durchaus interessant – auf den breiten Alleen, die anstelle der alten Stadtmauern entstanden, bewegt sich allerdings das dichteste Verkehrsgewühl Spaniens. Turbulent geht es auch in Teilen der fast durchgehenden Strandsiedlung zu, die 1950 entlang der Platja de Palma ent-

Diesen Traumblick zur Kathedrale von Palma genießt man vom Castell de Bellver.

standen ist und sich über Can Pastilla bis s'Arenal erstreckt: Der Strand selbst ist schön und gepflegt, darüber hinaus finden sich hier jedoch alle Vorurteile über den Massentourismus auf Mallorca mehr oder weniger bestätigt.

Im Yachthafen von Palma dümpeln Luxusschiffe.

Einen brauchbaren Stadtplan mit den aktuellen Öffnungszeiten der wichtigsten Sehenswürdigkeiten erhält man bei der Touristinformation. Gute Ausgangspunkte sind die Parkgaragen am Parc de la Mar (direkt gegenüber der Kathedrale) oder an der Avinguda Gabriel Alomar (nahe dem Kaufhaus El Corte Inglés); wer per Bus oder Bahn anreist, startet auf der Plaça d'Espanya beim Reiterdenkmal Jaumes I.

Unter den vielen Highlights sticht natürlich die Kathedrale la Seu hervor: Die »Kathedrale des Lichts« ist eine der größten Kirchen Europas – ihr 44 m hohes, nur von 14 schlanken Säulen getragenes Mittelschiff besitzt eine Fensterrosette mit 11,1 m Durchmesser (Eingang nur durch das Kirchenmuseum, C/. Palau Reial, 29, 10–18 Uhr, Sa 10–14 Uhr, sonn- und feiertags geschlossen). Kinder wird wohl vor allem die Mini-Welt des Poble Espanyol faszinieren – das »Spanische Dorf« zeigt mehr als 100 Reproduktionen berühmter Gebäude des Landes, dazu ein Museum mit Insektensammlung, C/. Poble Espanyol, 39, täglich 9–20 Uhr). Weiters interessant: der Palau de s´Almudaina (Hof der Könige, Staatsmuseum, gotische Kapelle. C/. Palau Reial, s/n, 10–18.30 Uhr, samstags und feiertags 10–14 Uhr, So geschlossen), die Banys àrabs (arabisches Bad aus dem 10. Jh., kleiner Säulenraum mit sehr hübschem Garten, C/. Serra, 7, täglich 9.20–20 Uhr) und die Basilica de Sant Francesc (nach der Kathedrale die zweite große Kirche der Stadt, wunderbarer Kreuzgang, Plaça Sant Francesc, 7, 9.30–12.30 und 15.30–18 Uhr, sonn- und feiertags nachmittags geschlossen). Das von außen eher unscheinbare, aber innen bezaubernd »plüschige« Teatre Principal bringt manchmal Vorstellungen für Kinder (C/. de sa Riera 2). Lustig ist die Font del Sepulcre, ein Brunnen mit vier

Extra

Gründonnerstags- und Karfreitagsprozession mit bis zu 4000 Teilnehmern; Festwoche zu Ehren des heiligen Sebastians ab 20. Januar; Schiffsprozession zu Ehren des heiligen Petrus am 29. Juni; Pop- und Jazzfestival sowie Open-air-Konzerte »Cançons de la Mediterrània« (Lieder des Mittelmeers) im Juni/Juli. Sehr stimmungsvoll ist der jährliche Weihnachtsmarkt im Dezember und Januar auf der Plaça Major – ohne Christbäume, dafür mit hunderten von Krippen.

Schildkröten, nahe der Plaça Rei Joan Carles. Größeren Kindern wird vielleicht auch das Miró-Museum gefallen (Fundació Pilar i Joan Miró, Ausstellung und das unveränderte Atelier des wohl größten katalanischen Malers und Bildhauers, C/. Joan de Saridakis, 29 in Cala Major, westlich des Hafens, 10–19 Uhr, sonn- und feiertags 10–15 Uhr, Mo geschlossen).

Wer findet diesen märchenhaften Brunnenkopf in Palmas Altstadt?

Markt: Wie im Schlaraffenland fühlt man sich in der Markthalle an der Plaça de s'Olivar (Mo–Sa 7–14 Uhr, Fr bis 20 Uhr) und im kleineren, aber viel älteren Mercat de Santa Catalina oberhalb des Yachthafens.

POLLENÇA

Höhe: 50 m
Einwohner: 10 200

Lage: im Norden der Insel, etwa 50 km von → Palma entfernt, zwischen dem Cap de Formentor und der Serra de Tramuntana.

Im Namen der römischen Siedlung Pollentia (die allerdings fast 10 km weiter südwestlich an der Bucht von → Alcúdia lag) steckt das Verb »pollere« = stark sein. Ob sie gleich nach der Plünderung durch die Vandalen im Jahre 425 an ihrem heutigen Platz zwischen den Ausläufern des Tomir-Massivs, dem wunderbaren Vall d'en Marc und dem Puig de Maria neu aufgebaut wurde, ist ungewiss. Die Araber befestigten das nahe Castell del Rei und leisteten den Truppen König Jaumes I. noch erbitterten Widerstand, als Palma längst gefallen war. Die verwinkelte Altstadt erinnert immer noch ein wenig an eine nordafrikanische Kasbah. Heute zeigt sich Pollença als besonders liebenswerter Ort. Touristischer geht es im 5 km entfernten Port de Pollença zu – dort findet man einen gepflegten Sandstrand, der sich nach Süden fortsetzt.

365 Stufen führen auf den Kalvarienberg.

Sehenswert: Schöne Plaça vor der Pfarrkirche, berühmter Kalvarienberg mit 365 alten (und 48 neuen) Stufen, herrlicher Blick von der 100 m hoch gelegenen Kapelle; Pont Romà über den Torrent de Sant Jordi (Teile aus dem 5. Jh. n. Chr., sonst

eher mittelalterlich), Museu Martí Vicenç (geöffnet zu den Geschäftszeiten), Museu Municipal (10–13 und 17.30–20.30 Uhr, So Nachmittag geschlossen).
Tipp: Prozession und feierliche Kreuzabnahme (devallament) am Karfreitag.

»ROTER BLITZ« (TREN DE SÓLLER)

Lage: Bahnlinie zwischen Palma (Bahnhof an der Plaça d´Espanya) und Sóller.
Der »Rote Blitz« wurde 1912 eröffnet und fährt noch heute täglich um 8, 10.40, 13, 15.15 und 20.05 Uhr, im Winter um 19.45 Uhr (letzte Rückfahrt ab Sóller 19.35 Uhr, im Winter 18.30 Uhr). Die 27 km lange Bahnstrecke ist insbesondere zwischen Esporles und Sóller einmalig schön. Die Waggons stammen z.T. noch aus der Anfangszeit der Bahn; besonders eindrucksvoll ist die Fahrt in der nobel ausgestatteten 1.-Klasse-Garnitur. Ein Faltblatt mit den Fahrplänen erhalten Sie in den örtlichen Tourismusbüros.

"Blitz" ist ein wenig übertrieben – und rot ist die Bahn von Palma nach Sóller auch nicht ...

Extra: Der »Touristenzug«, der um 10.40 Uhr in Palma abfährt, legt einen Fotostopp hoch über dem Tal ein. Zum Weiterlesen: Mallorca mit dem Zug entdecken von Klaus-Jürgen Vetter, Bruckmann Verlag, München 2001.

SA CALOBRA

Höhe: 735 m bis zum Meer

Lage: An der Nordwestküste zwischen → Sóller und → Pollença; Abzweigung der Sa-Calobra-Straße von der C-710 bei km 29 und 30, beim Aquädukt zwischen dem Stausee Gorg Blau und dem Restaurant Escorca nahe Lluc.
Eigentlich ist sa Calobra nur eine kleine, felsige Bucht mit einer Hand voll Häuser im Tal dahinter. Eine besondere Attraktion bildet jedoch die 13 km lange, gut ausgebaute, aber trotzdem nicht allzu breite Ausflugsstraße, die in atemberaubender Trassenführung und mit zahlreichen Haarnadelkurven dort hinunterführt. Dieser »Klettersteig für Motorisierte« durchquert verkarstete, mitunter bizarr verwitterte Felsflanken; ihre fotogenen Höhepunkte bilden der »Krawattenknoten« (wo sie sich selbst unterführt) und ein schmaler

Felsspalt, durch den sich die Busse gerade noch durchzwängen. Ein wunderbarer Badeplatz liegt an der nahen Mündung des Torrent de Pareis.

Die Straßenbahn bimmelt quer über den Hauptplatz.

SÓLLER

Höhe: 50 m
Einwohner: 10 300

Lage: 30 km nördlich von → Palma (mautpflichtiger Tunnel, sonst längere und kurvige Straße über den Coll de Sóller), in einem breiten Tal am Fuß der Serra de Tramuntana.

Am 11. Mai 1561 wurde es den Bewohnern von Sóller zu viel: 800 Männer und Frauen schlugen 1 700 Piraten in die Flucht – an dieses Ereignis erinnert man sich heute noch jedes Jahr mit einer Schlacht. Sonst geht es hier aber recht friedlich zu: Sóller zählt zu den liebenswertesten Orten Mallorcas. Über die baumbestandene Plaça vor der Pfarrkirche tuckert die Straßenbahn Richtung Meer, und vom nostalgischen Bahnhof fährt der »Rote Blitz« nach Palma. Ein paar Schritte außerhalb des Stadtzentrums steht man schon mitten in fruchtbaren Obst- und Orangengärten. Der nahe, in einer fast geschlossenen Bucht gelegene Port de Sóller hat sich zu einem beliebten Urlaubsort entwickelt.

Sehenswert: Pfarrkirche Sant Bartolomeu (16. Jh., Fassade frühes 20. Jh., Kanzel aus dem Jahre 1414), Museu de Ciències Naturals (Museum der Naturwissenschaften) und Jardí Botànic de Sóller (schön angelegter botanischer Garten) an der Umfahrungsstraße bei km 30 (Di–Sa 10–20 Uhr, sonn- und feiertags 10.30–13.30 Uhr); Casa de Cultura (Ausstellungen, Di–Fr 11–13 und 17–20 Uhr, feiertags geschlossen).

SON MARROIG

Höhe: 200 m

Lage: 3 km westlich von Deià, an der Küstenstraße zwischen → Sóller und → Valldemossa bei km 65,5.

Der österreichische Erzherzog Ludwig Salvator von Habsburg-

Lothringen (1837–1915) entfloh der starren Etikette am Wiener Hof und unternahm ausgedehnte Reisen; 1866 siedelte er sich auf Mallorca an und blieb fast 40 Jahre lang. Im Lauf der Zeit erwarb er große Ländereien an der Nordwestküste, darunter zuletzt auch das Herrenhaus Son Marroig oberhalb der durchlöcherten Halbinsel de sa Foradada, vor das er sogar einen kleinen, weißen Marmortempel setzen ließ. Das einstige Anwesen des auf Mallorca hochverehrten Arxiduc Lluís Salvador kann samt Garten besichtigt werden (Colección Son Marroig, 9.30–14 Uhr und 15 Uhr bis Sonnenuntergang, So geschlossen, Feiertags offen).

▶ VALLDEMOSSA

Höhe: 4300 m
Einwohner: 1 500

Lage: 18 km nördlich von → Palma in einer Senke der Serra de Tramuntana.

Chopin an allen Ecken und Enden! Abseits des Bustrubels ist man jedoch überrascht vom ursprünglichen Charme dieses Bergdorfes im einstigen wadi muza – oder vallis de mossa, wie das seit Urzeiten besiedelte Tal unter dem Teix-Massiv lateinisch hieß. Sein Hauptanziehungspunkt, das Kloster des Kartäuserordens, entstand ab 1399. Nach 436 Jahren wurde es säkularisiert, und weitere drei Jahre später mietete sich der Pianist mit seiner rauchenden und Hosentragenden Gefährtin George Sand (eigentlich: Amandine Barone Dudevant, geb. Dupin) in einer der alten Mönchszellen ein.

Das bezaubernde Bergdorf Valdemossa.

Sehenswert: Cartoixa (Kartause, 9.30–13.20 und 15–18.30 Uhr, sonn- und feiertags 10–13 Uhr) mit Kirche und Klostergarten; Palau del Rei Sanxo (Öffnungszeiten wie Kartause); Kulturzentrum Costa Nord (Dokumentarfilm mit Michael Douglas, Ausstellungen, Konzerte usw., Di–So 12–19 Uhr).

Tipp: Ein Abstecher zur Ermita de Trinitat (3,5 km nördlich von Valldemossa, Abzweigung etwa 2 km Richtung Deià, weiter am besten zu Fuß, herrlicher Blick zum Meer).

1 Zu Fuß zum Traumstrand

Sonne, Sand und Meer: Von Colònia de Sant Jordi zur Platja de ses Roquetes

leicht	
km	6 od. 10 km
	1 ½ od. 2 ½ Std.
	gering

Tourencharakter: Einfache Küstenwanderung zu einer herrlichen Badebucht; kaum Schatten.
Beste Jahreszeit: Frühjahr bis Herbst.
Reine Gehzeit: 45 Min. hin und 45 Min. zurück (mit dem Abstecher zur Cala en Tugores etwa 1 Std. mehr).
Markierung: Einzelne Steinmännchen, Orientierung problemlos.
Ausgangs- und Endpunkt: Colònia de Sant Jordi.
Anfahrt: Über Campos (PM-604) oder ses Salines (PM-610); Parkplatz und Bushaltestelle im Hafenbereich.
Essen & Trinken: Unterwegs keine Einkehrmöglichkeit – also Proviant und Getränke mitnehmen. Bars und Restaurants in Colònia de Sant Jordi, z.B. Marisol (gegenüber der Hafenmole, Tel. 971 65 50 70, Paella und Fisch).

Sonne, Sand und Meer – was gibt es Schöneres für Kinder? Vielleicht noch einen kleinen Schuss Abenteuer, indem man in eine wilde, felsige Küstenlandschaft vorstößt. Möglichkeiten dazu gibt es z.B. im Süden der Hafen- und Feriensiedlung Colònia de Sant Jordi: Von dort gelangt man über zwei kleinere Strände – in Sichtweite der Inseln na Guardis, na Maltona und einiger kleinerer Felsbrocken im Meer – zur Platja de ses Roquetes, vor der ebenfalls ein Inselchen liegt. Der 1,4 km lange und weit geschwungene Sandstreifen ist nicht per Auto erreichbar und dementsprechend ruhig. Diese erstaunliche Tatsache liegt an der schwerreichen Unternehmerfamilie March, die hier riesige Ländereien besitzt. Den Zaun, der ihr Eigentum abschirmt, könnten Sie übrigens noch bis zur Cala en Tugores entlangwandern: Auf der einen Seite das Meer, auf der anderen geheimnisvolle Pinienwälder – und als Ziel eine tief eingeschnittene, merkwürdig aus-

Kein Badewetter: »Wasserspiele« bei Colònia de Sant Jordi.

gewaschene Sandsteinbucht, die sich zwar kaum zum Baden eignet, in der die Wellen jedoch meterhohe »Matratzen« einer ökologisch überaus wichtigen Algenart mit dem klingenden Namen »Posidonia oceania« anschwemmen.

Reine Badefreuden genießt man in der nördlichen Umgebung der Colònia de Sant Jordi. Der 3,5 km lange Traumstrand es Trenc wurde dank der mallorquinischen Umweltschutzorganisation G.O.B. und massiver öffentlicher Proteste vor der Verbauung bewahrt; heute steht er unter Naturschutz. Hinter den spärlich bewachsenen Sanddünen, die das naturbelassene Badeparadies begrenzen, liegen die Salines de Llevant: Salzseen, die nicht nur zur Gewinnung des weißen Würzmittels dienen, sondern auch vielen seltenen Vögeln einen Lebensraum bieten.

Der Wegverlauf

Von der Hafenpromenade in **Colònia de Sant Jordi** gehen wir nach dem Wegweiser »Els Dolç« über den kleinen Sandstreifen der **Platja des Port** zum gemauerten Küstenweg, der zur **Platja des Dolç** führt. An ihrem Ende schlüpft man zwischen dem Zaun und den Bootshütten hinüber zur kleinen Bucht **es Delfí**. Über den benachbarten Strand **es Carbó** erreicht man schließlich den langen Sandstrand der **Platja de ses Roquetes**. Wie schon erwähnt, lohnt es sich, von seinem südlichen Ende an der **Punta de sa Tianeta** noch ein Stück weiter südwärts zu wandern. Hier wird die Küste felsig; ein Pfad führt direkt neben dem Zaun zur knapp 2 km entfernten **Cala en Tugores**.

Zurück geht's auf der gleichen Route.

2 Vom Leuchtturm zur Seeräuberbucht

Schatzinsel-Feeling und Seeräuberromantik: Cap de ses Salines – Platja des Caragol

leicht

4 km

1 Std.

gering

Tourencharakter: Einfache Küstenwanderung zu einem naturbelassenen Badestrand, aber kaum Schatten.
Beste Jahreszeit: Frühjahr bis Herbst.
Reine Gehzeit: 30 Min. hin und 30 Min. retour; mit dem Abstecher zur Cala en Tugores etwa 1 Std. mehr.
Markierung: Einzelne Steinmännchen, Orientierung problemlos.
Ausgangs- und Endpunkt: Cap de ses Salines, 14 km südlich von ses Salines.
Anfahrt: Auf der PM-610 zwischen Colònia de Sant Jordi und Santanyí; Abzweigung der 9 km langen, asphaltierten Zufahrtsstraße (PM-611) zwischen ses Salines und Llombards. Keine Busverbindung (Taxi von Colònia de Sant Jordi, Tel. 971 65 52 78).
Essen & Trinken: Unterwegs keine Einkehrmöglichkeit – also Proviant und Getränke mitnehmen. Restaurants in Colònia de Sant Jordi oder ses Salines.

Seit 1870 sendet ein stattlicher Leuchtturm seine Signale vom Cap de ses Salines. Die weltentlegene Landschaft um das »Südkap« Mallorcas vermittelt heute noch einen Hauch von Seeräuberromantik. Wenn Sie mit Ihren Kindern dann noch zur nahen Platja des Caragol spazieren, kommt endgültig Schatzinsel-Feeling auf: Hinter dunklen Felsklippen öffnet sich mit einem Schlag ein 500 m langes, sandiges und fast karibisch anmutendes Halbrund, das von einem Kiefernhain begrenzt wird: ein wahres Paradies zum Baden, Spielen und Picknicken – hier könnte man wohl Tage verbringen. Einziger Minuspunkt: Fernab der Hotels gibt es natürlich niemanden, der für die Reinigung des Strandes zuständig wäre, und jeder Sturm peitscht allerlei Treibgut und Unrat heran. Die seltsamen, oft ziemlich verschmutzten Bunker, von denen man in diesem Küstengebiet einige findet, sind traurige Relikte aus der Bürgerkriegszeit. Dafür entschädigt an klaren Tagen der Blick zur Nationalpark-Insel Cabrera, die sich von Colònia de Sant Jordi aus per Schiff ansteuern lässt. Und vielleicht findet sich sogar eine Flaschenpost im Sand – sie könnte ja von den Großen zu diesem Ausflug »mitgeschmuggelt« werden.

Alter Steinbruch nahe der Platja des Caragol

2

Traumstrand: die einsame Platja des Caragol.

Der Wegverlauf

An der Mauer um den Leuchtturm am **Cap de ses Salines** zweigt ein breiter, stellenweise sandiger Weg nach Westen ab. Auf diesem wandern wir an der Punta des Miló vorbei und dann an der spärlich bewachsenen Küste entlang, bis wir nach gut 20 Min. den schmalen Felsvorsprung der **Punta Negra** erreichen. Dahinter liegen der Racó des Albarda und der völlig naturbelassene Sandstrand der **Platja des Caragol**.

Wer will, kann die Wanderung noch verlängern, und zwar vom nordwestlichen Ende der Bucht über die kleine Anhöhe gegenüber dem Inselchen **Illot de Can Curt**. Zwischen dem Zaun und der Küste gelangt man weiter zu einer Hausruine und zu alten Steinbrüchen, aus denen sich die Menschen früher Bausteine für ihre Häuser und Kirchen holten. Hinter der Punta de sa Galera geht es durch Schutt zur felsigen **Punta des Aranyó** – dahinter liegt die in den Sandstein eingeschnittene und hoch mit Algen bedeckte **Cala en Tugores**.

Zurück wandern wir auf der gleichen Route.

3 Mallorcas wilder Süden

Küstenwanderung zu großartigen Grotten: Cap de ses Salines – Caló des Màrmols

anspr.
8 km
2-3 Std.
↑100 m ↓100 m

Tourencharakter: Anfangs einfache, zuletzt anspruchsvolle Küstentour durch ein sehr entlegenes Gebiet. Die Route verläuft auf Pfaden, aber auch durch wegloses Gelände, das am Schluss ein wenig Klettergewandtheit erfordert. Kaum Schatten.
Beste Jahreszeit: Frühjahr bis Herbst.
Reine Gehzeit: 1–1 1/2 Std. hin und 1–1 1/2 Std. retour.
Markierung: Steinmännchen; die Orientierung ist nicht überall ganz leicht.
Ausgangs- und Endpunkt: Cap de ses Salines.
Anfahrt: Auf dem PM-610 zwischen Colònia de Sant Jordi und Santanyí, Abzweigung der 9 km langen, asphaltierten Zufahrtsstraße (PM-611) zwischen ses Salines und Llombards. Keine Busverbindung (Taxi von Colònia de Sant Jordi, Tel. 971 65 52 78).
Essen & Trinken: Unterwegs keine Einkehrmöglichkeit – also Proviant und Getränke mitnehmen. Restaurants in Colònia de Sant Jordi.

Die einsame Küstenwanderung vom Cap de ses Salines nach Nordosten – also Richtung Cala Llombards – ist ein kleines Abenteuer. Während der Leuchtturm bald hinter dichtem Gebüsch verschwindet, wird das Gelände zwischen Wald und Wasser immer rauer: Beim Abstieg in den Torrent hinter der Punta de Can Barragot, an dessen Mündung gern Fischer sitzen, müssen wir zum ersten Mal die Hände zu Hilfe nehmen – hier sind scharf ausgewaschene Felsstufen zu überwinden. Auch im weiteren Verlauf der Steilküste zeigt sich, wie das Salzwasser den Stein höhlt. Die von Stürmen herangepeitschte Brandung hat hier bizarre Löcher und ganze Grotten (olla = Topf) aus den Klippen gewaschen. Die größte davon ist zu einer gewaltigen, bogenförmig ins Meer geneigten Felsbrücke verwittert. Nicht weit davon entfernt bietet der tief eingeschnittene Felstorrent des Caló des Màrmols einen nur 25 m großen, aber herrlich ruhigen Sandstrand – ein willkommener Rastplatz, bevor man beim Rückweg die herbe Pracht dieser kargen Landschaft noch einmal erlebt.

Mallorca für Abenteurer: die Felsbrücke s'Olla des Bastons.

Der Leuchtturm am Cap de ses Salines

Der Wegverlauf

Zunächst muss man die Umgrenzungsmauer des Leuchtturms am **Cap de ses Salines** direkt am Meer umgehen; hinter einer Bootsrampe übersteigt man die Lücke in der zweiten Mauer. Dann geht man auf einem stellenweise verzweigten Küstenweg durch die Küstenvegetation, manchmal auch über sandiges Gelände und flache Felsplatten. Der Pfad führt an zwei Hausruinen vorbei, schlängelt sich oberhalb der immer höher werdenden Steilküste dahin (Mauer mit zwei Lücken), bis man zum ersten Mal die fernen Häuser von Cala Llombards sieht. Hinter der Punta de Can Barragot wird ein felsiger **Taleinschnitt** am besten in direkter Linie über das gestufte Gestein durchklettert; auf der jenseitigen Oberkante geht der Pfad rechts bei einem Steinmännchen weiter. Ein zweiter, mit Kiefern bewachsener **Graben** ist problemlos zu überqueren, allerdings muss man im Unterholz auf den Pfad achten. In den Wänden der Steilküste sieht man große Grotten, einen alten Steinbruch und die riesige Felsbrücke **s'Olla des Bastons** – »olla« bedeutet auf Mallorquinisch so viel wie (Koch-)Topf. Hinter einer weiteren Mauer gelangt man zum Abbruch der tief eingeschnittenen Felsbucht des **Caló des Màrmols**: Man geht kurz nach links und klettert dann neben einigen abgestorbenen Bäumen sehr steil zum kleinen **Sandstrand** hinab.

Zurück geht's auf der gleichen Route.

4 Abenteuer Mittelalter

Festung der Römer und Araber: Von s'Horta zum Castell de Santueri

mittel

6 km

2 Std.

↑300 m ↓300 m

Tourencharakter: Einfache Wanderung auf Fahrwegen und einem kurzen Stück Asphaltstraße; wenig Schatten. Die Burgruine Santueri ist täglich von 10 Uhr bis zum Sonnenuntergang geöffnet (Eintrittsgebühr).
Beste Jahreszeit: Ganzjährig.
Reine Gehzeit: 1 Std. Aufstieg, 45 Min. Abstieg.
Markierung: Keine; die Orientierung ist mitunter nicht ganz einfach.
Ausgangs- und Endpunkt: Das versteckte Tal nördlich von s´Horta, das im Osten vom Castell de Santueri und im Westen vom Puig de sa Mortera begrenzt wird.
Anfahrt: Auf der PM-401 zwischen Felanitx und Portocolom Richtung Santanyí abzweigen und am Golfplatz es Turó vorbei. Vor dem Sportplatz der Ortschaft s'Horta (km 6) rechts auf eine schmale Asphaltstraße, die über einen Sattel führt. Bei der folgenden Abzweigung (Trafo) geradeaus, alle Schotterstraßen ignorieren und dann rechts Richtung »Can Pau«. Wo die Asphaltstraße links zur Finca Can Pau abbiegt, geradeaus auf der Schotterstraße weiter und im Auf und Ab zwischen Wald und Kulturland bis zu einer spitzen Straßeneinmündung (etwa 3 km vom Sportplatz); dort Parkmöglichkeit.
Essen & Trinken: Unterwegs keine Einkehrmöglichkeit – also Proviant und Getränke mitnehmen. Bona Taula in Calonge (C/. Rafael Adrover 3, Tel. 971 16 71 47, nur abends, gutes Spanferkel); Cafè des Mercat in Felanitx (C/. Major 26, Tel. 971 58 00 08, bodenständig, frisch und günstig).

Blick vom Castell de Santueri zur Ostküste

Die Serra de Llevant, der östliche Gebirgszug Mallorcas, bietet allerhand Interessantes für Kinder – u. a. den schon von Portocolom sichtbaren Klosterberg Sant Salvador und die benachbarte Ruine des Castell de Santueri. Das Gemäuer bildet den Rest einer großen Festung, die mit dem felsigen Tafelberg, auf dem sie errichtet wurde, zu einer fast uneinnehmbaren Einheit verschmolzen ist. Schon die Römer und die Araber haben sich hier oben verschanzt. Streift man hinter dem Burgtor herum, kann man sich das mittelalterliche Burgleben, aber auch Kampflärm und Belagerungen noch gut vorstellen. Außerdem genießt man vom Gipfelplateau innerhalb der Anlage eine großartige Aussicht über weite Teile der Insel und bis zum Meer. Vom Städtchen Felanitx führt eine 12 km lange, schmale und kurvige Ausflugsstraße bis zum Castell. Viel schöner ist es jedoch, von der anderen Seite per pedes heraufzusteigen. Ob die Knappen, Händler und Spielleute einst auch so viel pfadfinderisches Gespür gebraucht haben, um durch das stille Bauernland mit seinen Schafweiden, Mandelplantagen und Johannisbrotbäumen zur Burg hinauf zu finden?

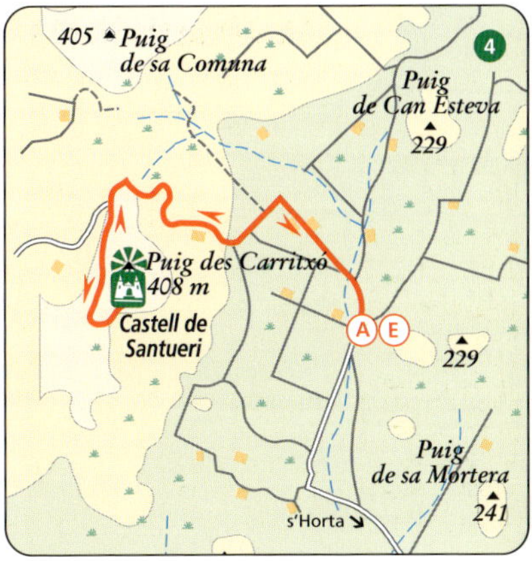

Der Wegverlauf

Vom Ausgangspunkt bei der **Straßeneinmündung** (Anfahrt siehe Tourkasten) geht man geradeaus zu einer Stromleitung. Genau darunter links abzweigen, gerade hinauf und am **Haus Can Moniola** vorbei. Bei der Einmündung in die Querstraße nach links und an einer weiteren Finca vorbei. Nach einem Strommast mit Trafo schwenken wir rechts auf den steilen und groben Schotterweg ein. Dieser führt an zwei alten Hütten und zwei größeren Häusern vorbei (Blick auf Portocolom) und auf den bewaldeten Rücken unterhalb des Berges, auf dem das **Castell de Santueri** steht. Dort gehen wir eben zur nahen Asphaltstraße und auf dieser nach links, die Kurve hinauf und durch den Waldhang zum Parkplatz vor dem **Castell de Santueri**. Durch die Burganlage gelangt man auf das Gipfelplateau (408 m).
Der Abstieg erfolgt auf der gleichen Route.

Und noch ein schöner Blick …

5 Bewahrte Natur

Lebensraum einer einzigartigen Tier- und Pflanzenwelt: Durch den Parc Natural de Mondragó

leicht

4 km

1–2 Std.

gering

Tourencharakter: Kurze Küstenspaziergänge am Strand und durch schattiges Waldgebiet.
Beste Jahreszeit: Ganzjährig.
Reine Gehzeit: Je nach Wegwahl 1–2 Std.
Markierung: Einige Markierungspfähle.
Ausgangs- und Endpunkt: die Cala Mondragó östlich von Santanyí.
Anfahrt: Auf der Straße, die zwischen ses Salines und Capdepera oberhalb der Ostküste entlangführt. Zur Cala Mondragó und zur benachbarten Bucht s´Amarador führen beschilderte Stichstraßen – die eine von Alqueria Blanca bzw. Portopetro, die andere von Santanyí; Parkplatz jeweils vor der Bucht.
Essen & Trinken: Bar und Restaurant beim Ausgangspunkt.

Etwa 100 Buchten verzeichnen die Landkarten an der 80 km langen Ost- bzw. Südostküste Mallorcas – Seekarten kommen auf doppelt so viele. Eine der schönsten liegt zwischen Portopetro und Cala Figuera bei Santanyí, im Gebiet von Mondragó: Hier steht seit 1992 ein 785 ha großes Wald- und Strandgebiet unter Naturschutz. Umweltschützer haben heftig um seine Erhaltung gekämpft, und nur durch ihren Einsatz ist es vor den näher rückenden Hotelsiedlungen verschont geblieben. Die beiden großen Sandstrände – die Platja s'Amarador ist 160 m lang, der

Umwege in die Stille: die Lagune ses Fonts de n'Alís.

Baden & Natur erleben an der Cala Mondragó.

Caló d'en Garrot (oder Platja sa Font d'en Alís) misst 75 m – locken Massen von Sommergästen per Mietauto oder mit Booten an. Sollte also zu viel Trubel herrschen, zieht man sich besser in die Kiefernwälder des Naturparks zurück und wandert hinüber zu einem der beiden winzigen Nachbarstrände. Dazwischen verbergen sich zudem zwei mit Schilf bewachsene Lagunen, die je nach der Jahreszeit von sturmgepeitschter Meeresbrandung, von Wildbächen oder Quellen gefüllt werden. Die brackige Mischung aus Salz- und Süßwasser bildet den Lebensraum für eine ganz eigenartige Tier- und Pflanzenwelt, die auch im Informationszentrum an der Zufahrtsstraße von Portopetro/Alqueria Blanca vorgestellt wird.

Der Wegverlauf

Die beiden großen **Sandstrände** des Parc Natural de Mondragó sind durch einen betonierten **Küstenweg** miteinander verbunden. In jeder der beiden Buchten beginnt ein mit (spärlichen) Pfosten und Schautafeln versehener **Rundweg**: Der eine führt von Caló d'en Garrot zur »Maschinengewehrnase«, einer felsigen Anhöhe, von der man in den tief eingeschnittenen »Fjord« mit dem nur 18 m breiten Strand des **Caló d'en Burgit** absteigen kann. Der zweite Lehrpfad durchzieht das Waldgebiet n'Amera zwischen dem Sandstrand s'Amarador, der schmalen Bucht **Caló d'en Perdiu** und dem Parkplatz am Ende der Zufahrtsstraße von Cala Figuera. Ein dritter Weg zieht vom Caló d'en Garrot zur nahen **Lagune ses Fonts de n'Alís**; rechts davon führt ein kurzer Abstecher zu einem Mirador.

6 Ein Spaziergang abseits des Strandrummels

Landschaftliche und kulturelle Überraschungen: Von Cala Millor zur Punta de n'Amer

leicht

3 km

1½ Std.

↑50 m ↓50 m

Tourencharakter: Kurzer Küstenspaziergang.
Beste Jahreszeit: Ganzjährig.
Reine Gehzeit: 45 Min. hin und 45 Min. retour.
Markierung: Keine.
Ausgangs- und Endpunkt: Die Feriensiedlung Cala Nau am Südrand von Cala Millor an der Ostküste.
Anfahrt: Auf der Straße, die zwischen ses Salines und Capdepera oberhalb der Ostküste entlangführt; Parkmöglichkeit am südlichen Ende des Passeig de la Mar (Kreisverkehr) an der Cala Nau.
Essen & Trinken: Bar und Restaurant neben dem Castell de n'Amer; Cas Patró Miquel in Cala Millor (na Llambies 5, Tel. 971 58 64 76, feine mallorquinische Küche).

Direkt im Nahbereich zweier Zentren des Ostküsten-Tourismus ist ein Stück unberührter Natur erhalten geblieben: Zwischen den quirligen Feriensiedlungen sa Coma und Cala Millor (was auf Deutsch so viel wie »bester Strand« bedeutet) ragt die flache, stellenweise von Wald bedeckte Halbinsel der Punta de n'Amer fast zwei Kilometer ins Meer hinaus. Wie viele Sommergäste mögen dieses auffällige Stück Land, das seit 1986 als Àrea Natural unter strengem Schutz steht, tagtäglich ins Auge fassen – doch wie viele starten dann wirklich einmal los? Es lohnt sich jedenfalls, denn es birgt nicht nur landschaftliche, sondern auch kulturelle Überraschungen: Mitten auf der Halbinsel steht ein wuchtiger, von einem Wehrgraben umgebener Kubus – der uralte Wachturm des Castell de n'Amer, der sich innen sogar erklimmen lässt. Hier befindet man sich plötzlich in einer anderen, ursprünglich gebliebenen Welt, fast wie Robinson auf einer fernen Insel.

Er wartet auf frischen Fisch!

Der Wegverlauf

Vom südlichen Ende des Sandstrandes der Platja de Sant Llorenç in **Cala Millor** gehen wir zunächst weglos entlang der flachen Felsküste der **Cala Nau** zur Schotterstraße, die hinter den Appartement-Hochhäusern am Süd-

rand der Feriensiedlung vorbeiführt. Auf dieser wenden wir uns nach links und spazieren ins Gebiet der Halbinsel. In sanftem Anstieg und wachsendem Abstand zum Meer gelangt man zum **Castell de n'Amer**. Von dort führt ein schöner kurzer Abstecher zur weißen »Gipfelsäule« auf dem höchsten Punkt der **Punta de n'Amer** (32 m). Mehrere Pfadspuren führen zur Küste; die felsige, aber flache Spitze der Halbinsel lässt sich auch ohne große Probleme umrunden.

Zurück geht es auf der gleichen Route. Wer will, flaniert noch ein wenig auf Pfadspuren oberhalb der Küste herum oder erkundet auf verzweigten Wegen das Waldgebiet des Pla de Son Moro zwischen den beiden Ortsbereichen – oder man wandert zum Sandstrand der Urbanisation sa Coma bei s'Illot hinüber und fährt per Bus nach Cala Millor zurück.

Winzig klein und strahlend schön

7 Wie Sand am Meer ...

Der schönste Strand der Insel:
Zu den Dünen der Cala Mesquida

mittel

6 km

3 Std.

↑150 m
↓150 m

Tourencharakter: Einfache und weitgehend schattige Wanderung auf problemlosen Wegen.
Beste Jahreszeit: Ganzjährig.
Reine Gehzeit: 1 1/2 Std. hin und 1 Std. zurück.
Markierung: Wegweiser, violette und rote Farbpunkte.
Ausgangs- und Endpunkt: Die Cala Agulla bei Cala Rajada.
Anfahrt: Von Capdepera Richtung Cala Rajada, kurz vor dem Ort links abzweigen (Beschilderung »Cala Agulla«) und zu einem bewachten Parkplatz vor der Bucht (6 km).
Essen & Trinken: Bar/Restaurants in Cala Rajada und an der Cala Mesquida.

Der Arenal de sa Mesquida bei Capdepera gilt als einer der schönsten Strände Mallorcas: 580 m lang und begrenzt von haushohen, weit ins Hinterland hineinziehenden Sanddünen, die sogar Namen tragen: Am ersten Sonntag im August treffen sich einheimische Ausflügler z.B. gern auf dem Munt Gros. Keinen Blick für dieses Naturwunder hatten wohl die Schmuggler, die hier Tabak und Kaffee verschoben. Auch die Piraten schätzten den Strand als versteckten Landeplatz für Überfälle. Zum Schutz davor entstand Mitte des 16. Jh. eine ganze Kette von küstennahen Wachtürmen – ein talaia (vom arabischen Wort atalay = Wache) in Sichtweite des nächsten. So konnte man innerhalb kürzester Zeit mittels Rauch- oder Lichtzeichen vor drohender Gefahr warnen. Hier im Nordosten der Insel sind einige dieser Türme erhalten geblieben – so auch die halb verfallene Talaia de Son Jaumell auf dem 275 m hohen Bergrücken zwischen Cala Rajada und der Cala Mesquida. An seinem Fuß liegt ein zweiter traumhafter Sandstrand, die

Felsen und Sand: die Cala Agulla vor dem Puig de s'Aguila.

Platja de Cala Agulla, bei der wir zu dieser Tour starten. Und wer gar nicht genug bekommen kann vom Badevergnügen, sollte einen kurzen Abstecher zur benachbarten Cala Moltó einplanen – sie ist zwar nur 30 m breit, aber ein kleines Paradies.

7

Der Wegverlauf

Wir spazieren zunächst über die Strandpromenade neben der **Platja de Cala Agulla**. Am nördlichen Ende der Bucht erreicht man ein großes Ferienhaus; beim Bootshaus gegenüber davon zweigt links (violetter Pfeil) ein Schotterweg ab, auf dem wir nach 100 m – hinter der Bucht der Cala Moltó – ein Tor durchschreiten. Bald danach Wegteilung: Wir folgen der linken, breiteren Trasse im sanften Anstieg durch den Kiefernwald. Auch bei den nächsten Abzweigungen (von der zweiten führt ein schmaler Pfad hinauf zur **Talaia de Son Jaumell**, 271 m) bleiben wir stets auf dem breiten Weg, der schließlich an verfallenen Gebäuden vorbei zum breiten **Coll de Marina** (145 m, alter Kalkofen) führt. Dahinter zweigen wir rechts nach dem Wegweiser »Cala Mesquida« ab.

Nach ungefähr 100 m links abbiegen. Bald darauf wird das Gelände freier und uns begleitet links eine lange, teilweise verfallene Mauer, die schließlich mit einem Durchbruch den Weg zur Bucht der **Cala Mesquida** freigibt. Über den Sandstrand gelangt man zur Hotelanlage. Zurück wandern wir jetzt auf der gleichen Route.

8 Wallfahrt zu den Eremiten

Auf dem historischen Pilgerweg:
Von Betlem zur Ermita de Betlem

mittel

8 km

2 Std.

↑300 m
↓300 m

Einsiedelei in der Einöde.

Tourencharakter: Nicht allzu schwierige, aber stellenweise steile und meist schattenlose Bergwanderung auf angelegten Wegen.
Beste Jahreszeit: Frühjahr und Herbst.
Reine Gehzeit: 1 Std. Aufstieg, 45 Min. Abstieg.
Markierung: Keine.
Ausgangs- und Endpunkt: Betlem bei Colònia de Sant Pere.
Anfahrt: Auf der C-712 zwischen Can Picafort und Artà, Abzweigung auf die PM-333-1 nach Colònia de Sant Pere und weiter Richtung Betlem; Parkmöglichkeit nach 7 km – vor der Abzweigung der breiten Schotterstraße, die links Richtung Meer führt (etwa 350 m vor dem Kreisverkehr im Ortsbereich). Von Artà führt eine asphaltierte, aber stellenweise sehr schmale und kurvige Straße (PMV-333-3) zur Ermita de Betlem (9 km).
Essen & Trinken: Unterwegs keine Einkehrmöglichkeit – also Proviant und Getränke mitnehmen. Im Kiosk der Ermita de Betlem erhält man Devotionalien, aber keine leibliche Stärkung.

Die Muntanyes d'Artà sind wohl das entlegenste Berggebiet Mallorcas – mehr als 80 km von der Inselhauptstadt entfernt. An die Anwesenheit des Menschen erinnern zwischen den wilden Felsabstürzen des Puig de Ferrutx und dem gleichnamigen Kap nur halb verfallene Straßen und ein alter Wachturm, eine moderne Sendeanlage und eine bis heute von Patres bewohnte Einsiedelei. Diese bildet das Ziel eines historischen Pilgerweges, der durch einen von rauen Felsen eingefassten Graben hinaufführt. Beim Start muss man jedoch – wie so oft auf Mallorca – erst nach dem richtigen »Einstieg« vor der Villensiedlung Betlem suchen.

Der Wegverlauf

Wir wandern auf der vor **Betlem** bergseitig abzweigenden Betonpiste neben einem Drahtzaun (Aufforstungsgebiet) und an einem gedeckten Brunnen vorbei. Dann geht es auf der Schotterstraße einer Steinmauer entlang (Kette) und an einer ehemaligen Kaserne vorbei. Durch einen Zaundurchlass erreicht man die verlassenen **Cases de Betlem** (Can Vicenç): rechts am Hauptgebäude vorbei, durch einen Mauerdurchlass, unter der Stromleitung durch und ins Tal hinein (auf die Mauer der Wildbachverbauung zu). Bei zwei Stein-

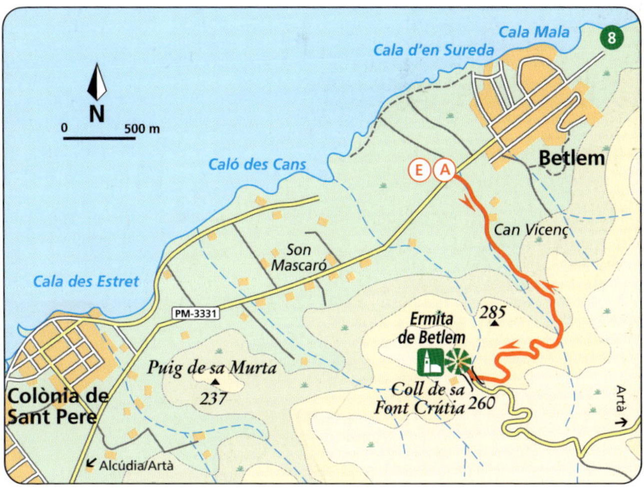

8

Auch Mönche brauchen Trinkwasser: sa Font Crùtia

männchen zweigt man links auf einen schmalen, erdigen Pfad ab. Über flache Steinplatten, unter Johannisbrotbäumen und zwischen Terrassen geht man aufwärts und oberhalb der Wildbachmauer vorbei, bis man den alten, aufgemauerten **Pilgerweg** erreicht. Diesem folgen wir rechts durch das von ausgehöhlten Felsen überragte Tal hinauf. Oberhalb einer (meist trockenen) Wasserfallstufe wendet er sich nach rechts, dann steigen wir zwischen zwei Mauerdurchlässen nach links und in Kehren zum **Coll de sa Font Crútia** (260 m) an. Unter den Bäumen vor der Mauer zweigen wir links ab und gelangen entlang der Terrassenfelder zu einem Metalltor; dahinter findet man eine Mariengrotte neben der gemauerten **Quelle** (Löwenkopf). Auf der Schotterstraße zur nahen **Ermita de Betlem** (280 m). Geht man am Eingangstor vorbei und an der Klostermauer entlang in einen Sattel (291 m), kann man rechts in wenigen Minuten zum **Mirador sa Coassa** abzweigen (321 m, Blick zum Meer).

Der Rückweg erfolgt auf der gleichen Route.

Die Höhle hinter den Dünen

9

Wandern, wie es Spaß macht: Necropòlis de Son Real – Platja des Dolç – Cova de ses Olibes

Tourencharakter: Einfache, aber schattenlose Küstenwanderung – vorbei an herrlichen Sandstränden, Lagunen und Dünenlandschaften, stellenweise auf sandigem Fahrweg.
Beste Jahreszeit: Ganzjährig.
Reine Gehzeit: 1–2 Std. hin und 1 Std. zurück.
Markierung: Keine, Orientierung problemlos.
Ausgangs- und Endpunkt: Die Hotelsiedlung Son Bauló, die sich südöstlich an Can Picafort anschließt.
Anfahrt: Auf der C-712 zwischen Alcúdia und Artà, Zufahrt nach Son Bauló; Parkplatz bei den Hotels an der Platja de Son Bauló; Bushaltestelle am Hafen von Can Picafort. Eventuell Rückfahrt ab Son Serra de Marina per Bus oder per Taxi (Tel. 971 85 07 23).
Essen & Trinken: Unterwegs keine Einkehrmöglichkeit – also Proviant und Getränke mitnehmen. Bars und Restaurants in Can Picafort, Son Bauló und Son Serra de Marina.

leicht
12 km
2–3 Std.
gering

Wandern ganz nach Lust und Laune – immer zwischen dem türkisblauen Meer, Sanddünen und dem urtümlichen Kiefernwald von Son Real! Der kurze Spaziergang zu den Resten der Nekropole (Totenstadt) von Son Real gefällt bestimmt auch den Kin-

Wasser, Wald und die wilden Wände des Puig Ferrutx.

9

dern, während die 109 Steingräber aus der Zeit zwischen dem 7. und dem 1. Jh. v. Chr. wohl mehr die Größeren faszinieren. Wer will, wandert weiter zu schlanken Obelisken, die einst General Francos U-Booten als Orientierungspunkte gedient haben, zu alten Steinbrüchen und zum Mündungssee des Torrent de Son Real am 500 m langen, feinen und perlmuttfarbenen Sandstreifen der Platja des Dolç. Dahinter wird es vollends spannend: Man kann ein Stück in das tief eingeschnittene Tal vordringen und dort nach einer großen Halbhöhle suchen – ein perfekter Luginsland mit Steinzeit-Feeling!

Der Wegverlauf

Wir starten am Strand der **Platja de Son Bauló**, wo man am kleinen See an der Mündung des gleichnamigen Torrent vorbeigeht. Dann wandern wir abwechselnd über Sand und flache Felsplatten (oder auf dem breiten, sandigen Fahrweg) zwischen dem Meer und dem Waldgebiet Pinar de Son Real dahin – vorbei an der **Necròpolis de Son Real** und dem keinen Felseiland der

Illa dels Porros, an alten Steinbrüchen, Hausruinen und schlanken Orientierungstürmen aus der Zeit General Francos. Wir spazieren den meist von Algen bedeckten Strand **Arenal d'en Casat** entlang zur felsigen **Punta Llarga de Son Real**. Dahinter erreichen wir bald den Sandstrand der **Platja des Dolç** an der Mündung des **Torrent de Son Real**. Hier zweigen wir nach rechts ab und folgen dem Sandweg, der links neben dem Flussbett und über eine kleine Anhöhe in den Dünen in das einsame Tal hineinführt. Unterhalb seiner Felsabbrüche heißt es Ausschau halten nach einem schmalen Pfad, der links zum Höhlenportal der **Cova de ses Olibes** hinaufzieht. Wieder zum Strand zurückgekehrt, wenden wir uns nach rechts und gehen zum nahen Hafen von Son Serra de Marina.

Zurück wandern wir auf der gleichen Route.

Manchmal rollen die Wellen über die »Totenstadt« hinweg.

10 Abenteuer über Alcúdia

Wandererlebnis pur: Ermita de la Victòria – Penya Roja – Talaia d'Alcúdia – Ermita de la Victòria

anspr.

5–7 km

3 ½ Std.

↑ 250 m
↓ 250 m

Tourencharakter: Anspruchsvolle Wanderung auf stellenweise schattiger Straße und stellenweise exponierten Pfaden, nur mit trittsicheren und schwindelfreien Kindern gehen!
Beste Jahreszeit: Frühjahr und Herbst.
Reine Gehzeit: Zur Penya Roja und zurück 2 Std., mit dem Abstecher zur Talaia d'Alcúdia insgesamt 3–3 ½ Std.
Markierung: Einige Wegweiser und Steinmännchen.
Ausgangs- und Endpunkt: Ermita de la Victòria.
Anfahrt: Von Alcúdia über Mal Pas; Parkplatz unterhalb der Ermita.
Essen & Trinken: Unterwegs keine Einkehrmöglichkeit – also Proviant und Getränke mitnehmen. Bar/Restaurant Mirador de la Victòria.

Die Tour zur Penya Roja zählt zu den »Wanderklassikern« Mallorcas. Sie garantiert Magenkribbeln für Groß und Klein: Auf einem luftigen Weg erreicht man einen Festungsturm, der direkt an der Felswand klebt. Im winzigen Tor, das den Durchgang ermöglicht, heißt es den Kopf einziehen – und wer nicht schwindelfrei ist, streckt ihn auf den restlichen Metern bis zum befestigten Aussichtspunkt besser gar nicht mehr hervor. Ebenfalls recht fotogen führt der Weg auf den 451 m hohen Hauptgipfel der Halbinsel

Nur für Klettermaxen: die felsige "Rückseite" der Talaia d'Alcúdia.

10

von Alcúdia durch die Felsen: Vom alten Wachturm sind zwar nur mehr die Grundmauern erhalten, doch dafür lässt sich die Rundsicht über die Buchten und Berge im Norden der Insel aus einem eigens errichteten Mirador genießen.

Der Wegverlauf

Vom Parkplatz bei der **Ermita de Victòria** führt eine breite Schotterstraße rechts am Restaurant vorbei (Kette) und durch den Wald hinauf. Nach einer Rechtskurve Abzweigung: Wir wenden uns scharf nach links (Tafel »No encender fuego«, weiter oben Tafel mit verblasster Aufschrift »Penya Roja«) und wandern auf einem Pfad im Auf und Ab – hoch über der Küste – auf die schroffen Felsen der Penya Roja zu. Davor Wegteilung: Links hinab, durch den ausgesetzten Steilhang und direkt unter der Felswand (wackeliges Geländer) zu einer **Befestigungsanlage**: Gebückt durchqueren wir ihren schmalen Durchschlupf; dahinter gelangt man auf einer kurzen, aufgemauerten und gut abgesicherten Steigtrasse (Geländer, Kette) quer durch die Wand zum **Mirador** an der Penya Roja. Hier kehren wir wieder um – der weitere Auf-

10

Der originelle »Durchschlupf« zum Mirador an der Penya Roja

stieg zum Gipfel wäre sehr steil und gefährlich, und hier genießen wir eine ebenso schöne Aussicht.

Abstecher zur Talaia d'Alcúdia: Zurück zur Fortstraße und auf dieser links durch den Wald aufwärts, bis von links eine weitere Straße einmündet. Geradeaus über den breiten Bergrücken auf den Gipfel zu. Vom Straßenende links auf einem breiten Weg zu den Felsabstürzen, die auf der gemauerten Trasse im Zickzack überwunden werden. Hinter einem kleinen Felseinschnitt rechts durch den Grashang in einem Sattel (große Steinpyramide), wo der Weg vom Coll Baix einmündet. In Serpentinen auf den nahen **Gipfel** (451 m) mit den Grundmauern des Turmes und einem offenen Refugi.

Zurück geht's auf der gleichen Route.

Bizarre Felsformationen ragen ins Meer.

Der »heilige Berg« von Pollença

Stufe für Stufe hinauf zum Kalvarienberg:
Auf den Puig de Maria

11

Tourencharakter: Einfache, aber steile Kurzwanderungen auf Fahr- bzw. Pflasterwegen und Steigen.
Beste Jahreszeit: Ganzjährig.
Reine Gehzeit: Etwa 1 Std. Aufstieg, 45 Min. Abstieg.
Markierung: einige Wegweiser.
Ausgangs- und Endpunkte: Pollença.
Anfahrt: Aus Richtung Palma auf der PM-220, in die bei Pollença die Küstenstraße C-710 einmündet. Parkplätze im Süden der Stadt, knapp vor km 52 nahe der Abzweigung zum Puig de Maria. Bushaltestelle im Stadtzentrum.
Essen & Trinken: Einfache Bar im Kloster auf dem Puig de Maria. In Pollença: Tapas im Café Espanyol und im Hotel Juma (an der Plaça Major); Il Giardino (Plaça Major, Tel. 971 53 43 02, italienisch); La Fonda (C/. Antoni Maura, 31, Tel. 971 53 47 51, mallorquinische Spezialitäten).

mittel
4 km
2 Std.
↑300 m
↓300 m

Eine Stufe für jeden Tag des Jahres: Wer schafft es, sie nachzuzählen? Die Treppe zum Kalvarienberg von Pollença bietet die perfekte Einstimmung (und auch ein gutes Training) für den Ausflug auf den »heiligen Hausberg« des liebenswerten nordmallorquinischen Städtchens. Dort oben steht ein festungsartig ausgebautes Kloster, das der Muttergottes geweiht ist. Im 14. Jh. soll ein merkwürdiges Licht auf dem Gipfel zur Auffindung einer steinernen Marienfigur geführt haben. Als man die Madonna in die Stadtkirche hinunterbringen wollte, wurde sie bei jedem Schritt schwerer – bis man umdrehte und sie wieder hinaufbrachte. Oben erbaute man ihr dann zunächst eine Kapelle, später entstand daraus das Kloster mit seinem sehr wuchtigen Wehrturm. In den spartanisch einfachen Zellen kann man sogar übernachten – das wäre doch eine Überlegung wert, oder?

Das Kloster auf dem Puig de Maria erscheint wie eine Ritterburg.

11

Der Wegverlauf

Von der Bushaltestelle in **Pollença** spazieren wir am Kloster Sant Domingo vorbei, gehen rechts den C/. Cecili Metel bis zur **Tankstelle** und dann links zur Landstraße. Gegenüber (Wegweiser »Puig de Maria«) folgen wir der asphaltierten Zufahrtsstraße zu einigen Häusern. Dort links aufwärts und dann in engen, steilen Serpentinen zu einem winzigen Parkplatz hinauf. Auf dem restaurierten Pflasterweg geht es weiter bis zum **Kloster** auf dem Gipfel (333 m). Kurz vorher erkennt man auf der rechten Seite einen Felsblock, der wie ein Sitz geformt ist – »la sillita de Jesús« (das Stühlchen Jesus') heißt diese Naturerscheinung, die natürlich erklommen werden muss. Interessant ist auch der beschilderte **Camí dels Ermitans** (Einsiedlerweg), der unterhalb des Klosters links abzweigt: Er führt zu einem Aussichtspunkt (traumhafter Blick über die Stadt) und zum tiefen Felsschlund des **Avenc de la Mare del Déu**, links daran vorbei und – etwas verwachsen – zum Kloster hinauf (Picknickplatz).

Der Abstieg erfolgt auf dem Aufstiegsweg.

Blumen-Potpourri

Zwergpalmen und Fischadler

Vogelparadies hautnah:
Von Port de Pollença ins Vall de Bóquer

12

Tourencharakter: Einfache Wanderung auf Fahrwegen und Pfad; kaum Schatten.
Beste Jahreszeit: Ganzjährig.
Reine Gehzeit: 45 Min. hin und 45 Min. retour.
Markierung: Keine.
Ausgangs- und Endpunkt: Port de Pollença.
Anfahrt: Aus Richtung Palma auf der PM-220, in die bei Pollença die Küstenstraße C-710 einmündet; am besten am Ortsrand parken. Bushaltestelle am Hafen von Port de Pollença.
Essen & Trinken: Unterwegs keine Einkehrmöglichkeit – also Proviant und Getränke mitnehmen. Bars und Restaurants in Port de Pollença, z. B. der Celler Ca Vostra (an der Straße nach Alcúdia, Tel. 971 86 55 46, mallorquinische Küche).

leicht
6 km
1 ½ Std.
↑120 m
↓120 m

Zwischen den beiden wildzerklüfteten Bergzügen des Penyal Roig und der Serra del Cavall Bernat tut sich in der Nähe des Hafen- und Ferienortes Port de Pollença ein stilles Tal auf. Halbwilde Ziegen meckern hier unter haushohen, bizarr verwitterten Steinblöcken, die vor Urzeiten von den Steilhängen herabgedonnert sind und heute zum Herumkraxeln einladen, putzige Zwergpalmen bringen etwas Grün auf den flachen Sattel in der Mitte des Grabens, und hoch droben, über den gezackten und durchlöcherten Felsgraten, ziehen Wanderfalken und Fischadler ihre Kreise. Letztere locken seit langem ganz besondere Zeitgenossen hierher:

Geschafft: Der Blick schweift übers Meer zum Cap de Formentor.

12

Birdwatcher (»Vogelgucker«) vor allem aus Großbritannien, die dann ihre Fernrohre auf schwere Stative montieren und sich damit die reichhaltige Vogelwelt heranzoomen – keine schlechte Idee, auch selbst ein Fernglas mitzunehmen! Diese Gegend war übrigens auch schon während der Bronzezeit von Menschen besiedelt – kaum noch vorstellbar, wenn man heute am einsamen Kiesstrand am Auslauf des Tales sitzt und zur kleinen Felsinsel Colomer hinüberträumt.

Der Wegverlauf

Vom Hafen in **Port de Pollença** gehen wir auf der Strandpromenade und auf dem Passeig Vora Mar Richtung Formentor. Links auf die Avinguda Bocchoris einschwenken, über die Querstraße und auf dem Alleeweg (links befindet sich ein Supermarkt) zu zwei weiteren Querstraßen. Dahinter wandern wir auf einem Weg (Tafel »Predio Bóquer«) geradeaus zum Tor der **Finca Bóquer** (links Durchlass), am Gutshof vorbei und durch ein weiteres Tor. Danach gelangt man auf dem breiten Weg unter bizarren Felsformationen und zwischen zwei großen Steinblöcken ins weite, sanft ansteigende **Vall de Bóquer** hinein. Nach einem Mauerdurchlass überqueren wir den flachen **Coll del Moro** (101 m, große Steinpyramide) und gehen an einer Quelle (Viehtränke) vorbei. Dort verzweigt sich der Weg in mehrere Pfade, die sich auf der rechten Talseite zur **Cala Bóquer** hinabschlängeln. Zurück geht es auf der gleichen Route.

Expedition in den Höllenschlund

13

Hier ist Klettergewandtheit gefragt: Eine Schluchtwanderung in den Torrent de Pareis

Tourencharakter: Eindrucksvolle, aber mühsame und anstrengende Schluchttour über Schotterbänke, Felsblöcke und glatt poliertes Gestein; zeitweise müssen Tümpel und Wasserbecken durchwatet werden. Bei Gewittergefahr und Niederschlägen ist das Begehen der Schlucht sehr gefährlich!
Beste Jahreszeit: Sommer; nur nach längeren Trockenperioden.
Reine Gehzeit: Bis zum ersten schwierigen Hindernis 45 Min., zurück 45 Min.
Markierung: Gelegentlich kleine orangefarbene Punkte.
Ausgangs- und Endpunkt: Sa Calobra.
Anfahrt: Auf der C-710 zwischen Sóller und Pollença (Zufahrt auch auf dem PM-213 von Inca nach Lluc); zwischen km 29 und 30 Abzweigung der sa Calobra-Straße.
Essen & Trinken: Unterwegs keine Einkehrmöglichkeit – also Proviant und Getränke mitnehmen. Bars und Restaurants in sa Calobra; Restaurant an der benachbarten Cala Tuent; Restaurant Escorca (an der Hauptstraße bei Km 25, Tel. 971 51 70 95, nur bis 19 Uhr, mallorquinische Spezialitäten mit Blick zum Torrent de Pareis).

anspr.
4 km
1½ Std.
↑100 m
↓100 m

Der etwa 3 km lange und bis zu 300 m tief eingefräste Torrent de Pareis gilt als eines der größten Naturwunder des Mittelmeerraumes. Versierte Bergsteiger durchqueren den Cañon meist im Abstieg – dies erfordert jedoch Klettergewandtheit, und in manchen ausgeschwemmten Felsbecken steht eiskaltes Wasser – dann heißt es waten oder schwimmen. Im oberen Bereich der Schlucht rutscht man über die glatte »Schlüsselstelle« hinab – hinauf kommt man als Nicht-Kletterer aber kaum mehr. So passieren im Torrent jedes Jahr sehr schwere Unfälle, vor allem durch die Unterschätzung des Geländes und der Schluchtlänge, aber auch durch plötzlich einbrechende Unwetter. Dann wird die trockene Klamm innerhalb von Minuten zum Wildwas-

13

serinferno. Wir entgehen diesen Gefahren, indem wir bei sicherer Witterung von unten in die Schlucht hineinwandern. Hier wird das Rauschen des Meeres immer leiser, die aberwitzig durchlöcherten Felswände schieben sich sehr bedrohlich zusammen, und so manche Kraxel-Einlage verlangt Mut. Oft muss man den besten Durchstieg suchen, aber schließlich erreicht man die engste Passage, die selbst Harry Potter zum Gruseln bringen würde. Wir legen den Kopf weit in den Nacken, staunen über den himmelhohen Spalt, durch den nur mehr wenig Tageslicht sickert – und machen uns noch vor den wirklich haarigen Kletterpassagen wieder auf den Rückweg.

Rechts: Nur bei Trockenheit zu empfehlen: die Kletterpartie in den Torrent.

Der Wegverlauf

Von den Restaurants in **sa Calobra** gelangt man auf dem ausgebauten Küstenweg und durch zwei Fußgängertunnels in den Mün-

Erst das Badevergnügen, dann das Kletterabenteuer: die Bucht von sa Calobra.

dungsbereich des **Torrent de Pareis**. Links geht es zum nahen Kiesstrand, rechts auf Schotterbänken neben (manchmal ausgetrockneten) Tümpeln in die Schlucht. Das erste Wasserbecken und den riesigen Felsblock dahinter umgeht man dann links (Durchschlupf zwischen Gebüsch und unter Steinblöcken). Auf Geröll und über ausgewaschenes Gestein geht es weiter, vorbei an bizarren Höhlen und einem sehr auffälligen Felszacken. Nach der Tropfquelle **Degotís** muss man nun größere Blöcke überklettern. Das erste wirkliche Hindernis bildet ein glatt polierter Stein auf der rechten Seite. Bald danach gelangt man in den engsten Teil des Cañons. Bei einem Wasserbecken vor einer recht schwierig zu erklimmenden **Felsbarriere** kehren wir um. Der Rückweg erfolgt auf der gleichen Route.

14 Der Märchenwald über dem Meer

Bizarre Felsklippen – märchenhafter Kiefernhang: Cala Tuent – sa Costera und zurück

mittel

12 km

3–4 Std.

↑300 m ↓300 m

Tourencharakter: Einfache Küstenwanderung auf gut angelegtem Weg; wenig Schatten. Die Variante bis zur Torre de na Seca empfiehlt sich nur für größere, trittsichere Kinder: Sie erfordert Orientierungsvermögen und gute Wanderschuhe, denn man muss über schräge Felsplatten auf- und auch wieder absteigen.
Beste Jahreszeit: Frühjahr und Herbst.
Reine Gehzeit: 1–2 Std. hin und 1–2 Std. retour; mit der Variante zur Torre de na Seca 1 Std. mehr.
Markierung: Anfangs einige Wegweiser; am Pfad zur Torre Steinmännchen.
Ausgangs- und Endpunkt: Cala Tuent östlich von sa Calobra.
Anfahrt: Wie bei Tour 13 auf der Sa-Calobra-Straße. Nach etwa 11 km jedoch links abbiegen (Tafel »Cala Tuent«) und über einen Sattel zur Cala Tuent; Parkplatz oberhalb der Bucht.
Essen & Trinken: Unterwegs keine Einkehrmöglichkeit – also Proviant und Getränke mitnehmen. Restaurant es Vergeret über der Cala Tuent (nur bis 17 Uhr geöffnet, mallorquinische Küche, schöne Lage).

Die Wanderung von der Cala Tuent bei sa Calobra zum verlassenen Gehöft sa Costera gehört sicher zu den schönsten Touren auf der Insel. Sie führt durch einen mit märchenhaften Kiefern bewachsenen Hang hoch über bizarren Felsenklippen dahin. Vielleicht schieben Sie auch den Abstecher zum alten Kraftwerk von Sóller ein – drunten an der Küste plätschert ein Wasserfall direkt ins Meer. Mit trittsicheren Kinder kann man sogar den weithin sichtbaren Wachturm auf dem Felsgipfel des Castelló ansteuern: Spannend ist es, auf den schräg aufgeschichteten und ziemlich glatten Steinplatten »auf Reibung« hinaufzuklettern – vertrauen Sie nur mal den Profilgummisohlen der Bergschuhe!

14

Der Wegverlauf

Vom Parkplatz über der **Cala Tuent** geht man zum **Restaurant**. Links davon (Wegweiser »Sóller«) über Stufen zu einem **Haus** und daneben im Zickzack zur Schotterstraße, die man überquert (Wegweiser). Durch den Wald zur oberen Straße, der man nach rechts folgt. Nach 30 m links auf den alten Weg abzweigen. Nach einem Mauerdurchlass zu einer **Finca**, vor der man eine dritte Straße erreicht. Auf dieser nach rechts, nach etwa 50 m wieder rechts auf den Wanderweg einschwenken. Durch den Wald zum Mauerdurchlaß am **Morro des Forat**. Dahinter kurz bergab und dann im sanften Auf und Ab durch den licht bewaldeten Hang oberhalb der Küste dahin (bei einem Steinmännchen wäre rechts ein Abstecher zum alten Kraftwerk an der **Font de sa Costera** möglich). Nach einem Anstieg (Zaundurchlass) links abzweigen und auf dem nun breiteren Weg vier Kehren durch den dichten Steineichenwald hinauf. In der folgenden Linkskurve rechts auf den alten Weg abbiegen. Nach etwa 50 m zweigt rechts ein Pfad ab, der – teils durch hohes Gras, teils in aufgemauerten Kehren und zwischen alten Terrassen – zum **Gehöft sa Costera** hinabführt. Zurück wandert man auf der gleichen Route.

Der Abstecher zum Aussichtspunkt beim Turm fordert Schweiß und Schwindelfreiheit.

Abstecher zur Torre de na Seca: Von der Abzweigung nach sa Costera geradeaus auf dem breiten Karrenweg weiter Richtung Sóller ansteigen. Hinter dem **Sattel** (Coll de Biniamar, 375 m) kurz abwärts. In der ersten Kurve rechts abzweigen und auf einem Fahrweg im Auf und Ab hoch über der Finca Bàlitx d'Avall durch den Hang. Vom Ende der Trasse rechts (Steinmännchen beachten) auf Pfadspuren zwischen hohem Gras, über gestuftes Gestein und schräge, glatte Felsplatten zum Grat des Castelló hinauf. Oben nach links zum verfallenen Turm (514 m).

15 Ins Tal der tausend Kurven

Zwischen Orangengarten und Felsgipfeln: Von Biniaraix in den Barranc de Biniaraix

mittel
6 km
2–3 Std.
↑500 m ↓500 m

Tourencharakter: Beliebig lange, aber stellenweise steile Schluchtwanderung auf einem steinigen Pflasterweg; der weitere Aufstieg zum Mirador d'en Quesada ist steil und auch schwieriger.
Beste Jahreszeit: Frühjahr und Herbst.
Reine Gehzeit: 1–2 Std. Aufstieg, 1–1 ½ Std. Abstieg, mit dem Abstecher zum Mirador d'en Quesada 3 Std. Aufstieg und 2 Std. Abstieg.
Markierung: Wegweiser.
Ausgangs- und Endpunkt: Biniaraix, 1 km östlich von Sóller.
Anfahrt: Nach Sóller (von Palma durch den gebührenpflichtigen Tunnel oder auf der Serpentinenstraße über den Coll de Sóller). Nach der Beschilderung »Centro« zur Plaça Constitució (Pfarrkirche), dort auf den Carrer de sa Lluna abzweigen und zur Abzweigung bei einem Steinkreuz: Geradeaus auf schmaler Straße weiter, über eine Brücke und nach Biniaraix. Bahn- und Busverbindung ab Palma nach Sóller, von dort zu Fuß in 30 Min.
Essen & Trinken: Unterwegs keine Einkehrmöglichkeit – also Proviant und Getränke mitnehmen. Bar in Biniaraix; Bars und Restaurants in Sóller, z.B. Cas Carreter (an der Plaça Americana, Tel. 971 63 03 64, Di nur abends, mallorquinische Spezialitäten in einer alten Schmiede); Tapes in der Bar Central (an der Plaça Constitució).

Stufe um Stufe: der Pilgerpfad durch die Riesenschlucht.

Der insgesamt 25 km lange, mittlerweile liebevoll renovierte Pilgerpfad von Sóller bis zum Kloster Lluc besitzt in der gewaltigen Felsschlucht von Biniaraix seinen schönsten und spektakulärsten Abschnitt. Dieser Weg birgt keine Schwierigkeiten (nur bei Nässe werden die Kieselsteine der Trasse rutschig), führt aber mitten in eine wilde Felslandschaft hinein: 1000 m liegen zwischen den Orangengärten im »Goldenen Tal« von Sóller und dem Felsgipfel des l'Ofre. Doch die Wegtrasse wurde mit ihren unzähligen Serpentinen so geschickt angelegt, dass dieser gewaltige Höhenunterschied beim Höhersteigen nicht allzu sehr in die Beine fährt. Bis zum engsten Durchbruch der Schlucht ist es nur ein gemütlicher Halbtagsausflug. Wollen schwindelfreie und trittsichere Jugendliche ganz hoch hinaus, wandert man mit ihnen

15

vielleicht sogar auf das knapp 1000 m hohe Cornador-Massiv, das einen fulminanten Flugzeugblick auf Sóller verspricht.

Der Wegverlauf

Von der Plaça Concepció in **Biniaraix** wandern wir auf dem Carrer Sant Josep zum östlichen Ortsrand. Bei der Kurve der Straße Richtung Fornalutx biegt man rechts zum alten **Waschhaus** ab – rechts davon zeigt ein Wegweiser den Beginn des **Camí des Barranc** an. Hinter einem Tor führt der gepflasterte Treppenweg in die von hohen Felswänden begrenzte Schlucht des Barranc de Biniaraix. Vor der engsten Passage wechselt man auf einer kleinen Brücke auf die andere Seite des (nur zeitweise plätschernden) Baches. Nach der felsigen Schlucht weitet sich das Tal zu einem kleinen Becken – über eine Furt erreicht man schließlich die Olivenhaine um die **Finca es Verger** (es Barranc). Von einer Linkskurve nach dem oberen Haus gelangt man rechts zu einem periodisch aktiven Wasserfall (Gorg de Can Catí). Der Rückweg erfolgt auf der gleichen Route.

Zum Mirador d'en Xim Quesada: Weiter über die Kehren des Pilgerweges hinauf und auf einem breiten, aber luftigen **Felsband** hoch über der Schlucht in den obersten Kessel des Barranc (fantastischer Rückblick). Vor einem kleinen **Staubecken** die Abzweigung: Geradeaus kommt man ins Gebiet der **Finca l'Ofre** unter dem gleichnamigen Gipfel (1098 m). Der jetzt nach rechts abzweigende Pfad (Wegweiser »es Cornadors«) führt über eine Brücke, vorbei an seltsamen Felstürmen und über ein Gatter zu einem Sattel (kleine Schutzhütte) – hier nach rechts zum **Mirador** (955 m).

16 Auf zum Burg-Berg!

Wilde Geschichten um den Burgberg: Orient – Castell d'Alaró – es Verger – Orient

mittel	
9 km	
3 Std.	
↑550 m ↓550 m	

Tourencharakter: Einfache Wanderung auf angelegten Wegen und Steigen. Im Gipfelbereich Vorsicht mit Kindern – die Wandabstürze sind nicht überall abgesichert.
Beste Jahreszeit: Ganzjährig.
Reine Gehzeit: 1 Std. Aufstieg, 1 Std. Rückweg.
Markierung: Einzelne Wegweiser.
Ausgangs- und Endpunkt: das Tal von Orient, etwa 1,5 km westlich des Ortes bei km 11,8 (nahe dem Hotel l'Hermitage).
Anfahrt: Von Alaró (gut ausgebaute Straße) oder von Bunyola (sehr schmale und kurvige Straße); Parkplatz östlich von Orient.
Essen & Trinken: Finca es Verger (auf halber Höhe am Puig d´Alaró, sehr schmale, kurvige und zuletzt automordende Zufahrt von Alaró, Tel. 971 18 21 26, urige mallorquinische Kost in ebensolchem Ambiente, herrliche Aussicht); Castell d´Alaró (auf dem Gifel des Puig d´Alaró, Tel. 971 18 21 12, einfache, bodenständige Gerichte – ein »Gipfelerlebnis« der besonderen Art). Restaurants in Orient: Hostal de la Muntanya (Tel. 971 61 53 73, Mo geschlossen, mallorquinische Spezialitäten); Mandala (Tel. 971 61 52 85, kreative internationale Küche in schönem Ambiente).

Ritter und Burgdamen aufgepasst: Hier ist eine Festung zu erobern!

Wilde Geschichten haben sich auf dem unübersehbaren, allseits von steilen Felswänden umgebenen Burgberg von Alaró abgespielt: Durch die Jahrhunderte wurde das Kastell auf dem schmalen Hochplateau immer wieder belagert und erobert, zerstört und neu aufgebaut. Vom grausamen König Alfons III. wird sogar erzählt, er hätte im Jahre 1285 zwei tapfere Burgknappen bei lebendigem Leib braten lassen. Gut, dass diese Zeiten vorüber sind und auf dem Burgberg nur mehr Zicklein-Kotteletts über dem Feuer brutzeln. Diese Wanderung führt gleich zu zwei urigen Gaststätten, in denen man sich ordentlich stärken kann. Die eine liegt inmitten wunderbarer Olivengärten am Hang und wird auch von vielen Einheimischen als Ausflugsziel geschätzt. Die andere steht direkt auf dem Gipfel, hinter den zerborstenen Burgmauern und neben der Wallfahrtskapelle Nostra Senyora del Refugi. Herrlich ist es, hier heroben zu übernachten, die Sonne am Abend und (bei zeitiger Tagwache) auch beim Aufgehen zu beobachten. Und den braven »Hausesel« zu besuchen, der wie eh und je alle Lasten heraufschleppen muss.

16

Der Wegverlauf

Bei km 11,8 der **Straße Alaró–Orient** zweigt oberhalb einer Finca ein bergseitiger Schotterweg zu einem Zauntor ab (links Überstieg). Dahinter wandern wir an einem **Brunnen** mit Wasserbecken vorbei, bleiben bei einer Abzweigung links unten (Pfeil »Castell«) und gelangen an einen Zaundurchlass. Danach geht es auf dem flachen Pfad zwischen Terrassen und Olivenbäumen in den Wald und dort in steilen Kehren aufwärts. Nach einem weiteren Zaundurchlass erreicht man einen Karrenweg, auf dem man rechts zum nahen Waldsattel **es Pouet** (Parkplatz) gelangt. Dort links auf dem neu angelegten Pflasterweg (Tafel »Hospederia Castillo«) über einen kleinen Felspass und im Auf und Ab durch den Hang zu den Wänden des Burgberges. Unterhalb Wegteilung: scharf nach links (Wegweiser »Castell«), in Kehren aufwärts und durch die beiden **Burgtore** auf das Gipfelplateau (links exponierter Aussichtspunkt). Auf dem stellenweise recht steinigen Weg (Tafel) zur **Kapelle** mit dem Gasthaus hinauf. Gleich dahinter befindet sich der Gipfel des Puig d'Alaró (825 m, kleine Hütte, Gedenktafel), der mit steilen Wänden abbricht.

Abstieg auf der gleichen Route bis zur **Wegteilung** unter der Felswand. Dort jedoch geradeaus weiter (Wegweiser »Alaró a peu«) und in einer weiten Kehre abwärts. Bei der nächsten Abzweigung rechts weiter. Zwischen Terrassen und durch ein Zauntor zum **Gasthaus es Verger**. Von dort rechts auf der Schotterstraße in Kehren (auch Abkürzungssteig) durch den Wald zum Sattel mit dem Parkplatz hinauf und auf dem Zugangsweg ins Orienttal zurück.

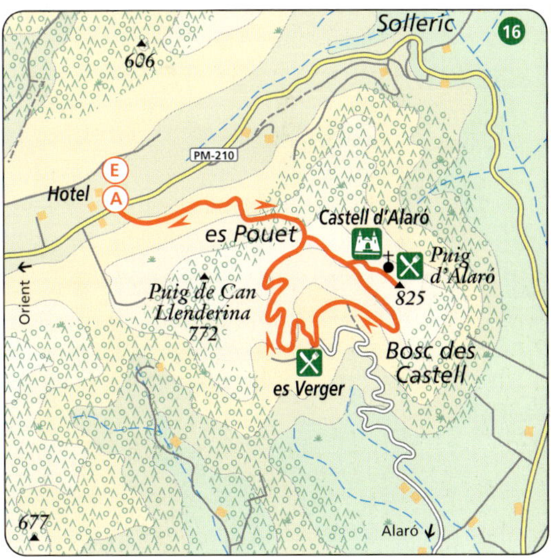

17 Wasserfälle im Waldgebirge

Immer dem Wasser entlang …
Orient – Salt des Freu

mittel
4 km
1½ Std.
↑200 m ↓200 m

Tourencharakter: Wanderung auf angelegten Wegen, schattig im Bereich der Schlucht. Der weglose Kletter-Abstecher in den Torrent de Coanegra darf nur mit trittsicheren Kindern und natürlich nur nach einer längeren Phase trockener Witterung unternommen werden.
Beste Jahreszeit: Ganzjährig; der Abstecher in den Torrent ist natürlich nur bei Trockenheit und sicherer Schönwetterlage möglich.
Reine Gehzeit: 40 Min. hin und 50 Min. retour, mit dem Abstecher in den Torrent etwa 1 Std. mehr.
Markierung: Gelegentlich Farbpunkte und Steinmännchen.
Ausgangs- und Endpunkt: Das Tal von Orient, etwa 1,5 km westlich des Ortes.
Anfahrt: Von Alaró auf der gut ausgebauten Straße bis Orient und weiter auf der schmaleren Straße Richtung Bunyola (oder von dort auf der landschaftlich besonders schönen, aber sehr schmalen und kurvigen Straße über den Coll de Honor); beschränkte Parkmöglichkeit am Straßenrand (sonst in Orient).
Essen & Trinken: Unterwegs keine Einkehrmöglichkeit – also Proviant und Getränke mitnehmen. In Orient: Hostal de la Muntanya (Tel. 971615373, Mo geschlossen, mallorquinische Spezialitäten); Mandala (Tel. 971615285, kreative internationale Küche in schönem Ambiente).

Wasserfälle auf Mallorca? Doch, davon gibt es einige, allerdings sind sie nur nach starken Niederschlägen »in Betrieb«. Auch im Torrent de Coanegra, einer 1,5 km langen und wenig bekannten Schlucht zwischen dem Hochtal von Orient und der Inselebene bei Santa Maria, plätschert das kühle Nass nur nach starken Niederschlägen und während des Winterhalbjahres: Wer zu dieser

Eine Schlucht-expedition macht alle müde …

17

Zeit zu den Salt des Freu wandert, muss zwar ein paar Mal durchs Wasser waten, erlebt aber dafür sprühende Gischt und donnernde Kaskaden inmitten einer märchenhaft verwinkelten Waldlandschaft. Früher trieb der kraftvolle Bach sogar eine Mühle an. Doch auch bei trockener Witterung lohnt sich der kurze Ausflug: Wenn der Bach versiegt ist, kann man sogar einen spannenden Vorstoß in die grün umwucherte, aber stellenweise ganz enge Schlucht wagen. Allerdings: Das Herumklettern zwischen glatt gewaschenen Steinblöcken und glatten Felsbecken erfordert viel Umsicht und Disziplin, ein Unfall hätte in dieser abgeschiedenen Gegend fatale Folgen!

Der Wegverlauf

Etwa 1,5 km westlich von **Orient** (550 m) – dort wo die Straße Richtung Bunyola anzusteigen beginnt – zweigt ein ebener Schotterweg nach Süden ab. Auf diesem wandern wir an einem Stall vorbei und übersteigen ein Gatter über eine Holzleiter. Dann führt der stellenweise sehr steinige Weg zwischen Mauern in den Wald und an der Quelle Font des Freu vorbei. Hinter den verfallenen **Cases des Freu** geht es ins Tal hinab; ein weiteres Gatter wird mittels Aluleiter überwunden. Über den Bach und zwischen Felsblöcken gelangen wir zu einer Abzweigung. Dort gehen wir auf dem rechten Weg neben einem Köhlerplatz in den Graben hinab. Das Bachbett verengt sich bald zur Schlucht. Vorbei an der Ruine einer Mühle, über aufgemauerte Serpentinen und durch künstliche Felseinschnitte gelangt man in den märchenhaf-

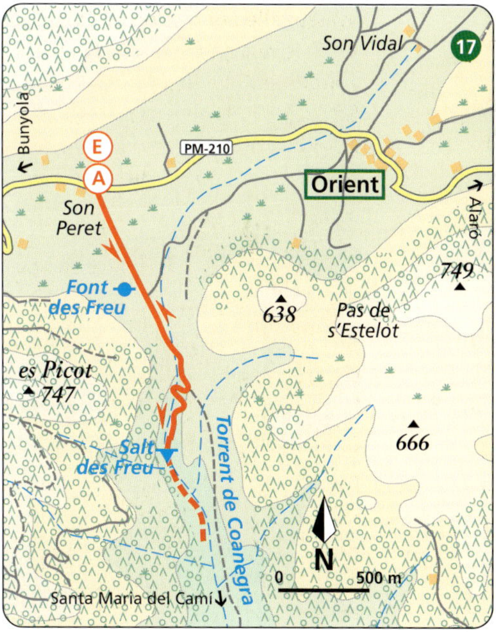

ten Talgrund (etwa 360 m), wo der Weg endet – kurz davor führen zwei kurze Pfade rechts über ausgewaschenes Gestein in die Felskessel der periodisch aktiven Wasserfälle **Salt des Freu**.

Nur wenn das Bachbett trocken ist, kann man mit trittsicheren Kindern noch ein Stück in den tief eingeschnittenen **Torrent de Coanegra** vordringen. Über ausgewaschenes, oft glitschiges Gestein und kurze Kletterpassagen gelangt man durch felsige Engstellen zu einer natürlichen Felsbrücke (links) und einem rüsselartigen Überhang in der rechten Wand. Nach einer großen Halbhöhle erreicht man einen ungangbaren Felsabsturz, vor dem man umkehren muss. Der Rückweg erfolgt auf der gleichen Route.

Rast in der Schlucht

Außer Betrieb: Die Schlucht ist nur begehbar, wenn die Wasserfälle trocken sind.

Künstler & Katzen

18

Schauplatz vieler Fernsehserien:
Von Deià zur Cala Deià

Tourencharakter: Einfache Wanderung auf Pfaden, Pflaster- und Fahrwegen.
Beste Jahreszeit: Ganzjährig.
Reine Gehzeit: Etwa 45 Min. Abstieg, 1 Std. Wiederaufstieg.
Markierung: Wegweiser.
Ausgangs- und Endpunkt: Deià.
Anfahrt: Auf der C-710 zwischen Sóller und Valldemossa.
Essen & Trinken: Bars und Restaurants in Deià; im Sommer Bars an der Cala Deià.

leicht
5 km
2 Std.
↑ 260 m
↓ 260 m

Deià, neben Valldemossa das wohl bekannteste Dorf über der Nordwestküste, verdankt seine Popularität nicht nur zugewanderten Künstlern, sondern auch Fernsehserien. Doch nur wenige seiner zahlreichen Tagesbesucher wissen, dass die Wanderung zur gleichnamigen Bucht zu den schönsten der Insel zählt. Es ist ein wunderbarer Bergab-Spaziergang durch Orangengärten und Olivenhaine zu einem 70 m langen, malerisch im Felshalbrund geborgenen Kiesstrand. Ein herrlicher Platz für eine Stärkung – das meinen wohl auch die vielen struppigen Katzen, die hier he-

Stürmische Wogen an der Cala Deià.

18

rumstreunen. Zeigt sich das Meer ruhig, dann steht sicher auch ein erfrischendes Bad auf dem Programm, bevor sich die mediterrane Landschaft beim Wiederaufstieg neuerlich von ihrer schönsten Seite zeigt.

Der Wegverlauf

Zunächst empfiehlt sich ein Spaziergang durch **Deià** zur Kirche Sant Joan Baptista, die mit ihrem Friedhof auf der Spitze eines Hügels erbaut wurde (160 m). Dann gehen wir auf dem Carrer Ramón Llull abwärts. Bei der Einmündung des Carrer del Porcho zweigen wir scharf rechts auf die schmale Betonstraße ab, die bald zum gepflasterten Treppenweg wird. Bei der folgenden Abzweigung nach links zu einer schmalen Straße, auf dieser rechts hinab und über den Bach. Danach rechts zum **Archäologischen Museum** und weiter durch den Graben abwärts. Wo die Zufahrt von der Hauptstraße einmündet, rechts in die Sackgasse zum nahen **Waschhaus.** Hier beginnt ein Schotterweg, an den sich ein stellenweise gepflasterter Pfad anschließt. Eine Mauer wird mittels Holzleiter überstiegen, dann wandern wir neben dem schluchtartigen Torrent weiter. Bei einer Abzweigung rechts den schmaleren Weg hinab (Wegweiser »Cala«), zwischen Olivengärten zu einem Zaun (Leiterüberstieg) und auf dem restaurierten **Camí des Ribassos** zu einer **Brücke** (daneben Furt). Jenseits auf der Asphaltstraße nach links und unterhalb der Felsen zum **Parkplatz**, von dem man auf der Schotterstraße und einem Pflasterweg zur nahen **Cala Deià** gelangt. Wer kurz davor rechts die Stufen hinaufsteigt und oben nach links geht, kann die Bucht von den **Klippen** aus der Vogelschau betrachten – Vorsicht, Felsabstürze!
Der **Rückweg** erfolgt auf der gleichen Route. Oder man

18

In Deià fühlen sich Künstler und Fernsehstars wohl.

geht von der **Brücke** bei der Furt noch etwa 100 m auf der Asphaltstraße weiter aufwärts und biegt links auf einen gepflasterten Treppenweg ab, der die Kurven der Asphaltstraße abkürzt (nach der dritten Überquerung muss man ein Gatter überklettern). Zwischen Terrassen zur nächsten Abzweigung: geradeaus aufwärts, dann schwenkt auch unser Weg nach rechts. Etwa 30 m nach der Einmündung der unteren Route – vor einer Zaunöffnung – zweigt man links ab und folgt dem alten, in engen Kehren angelegten Pflasterweg hinauf. Nach einem Tor stets geradeaus aufwärts, am **Sportplatz** vorbei und zur Hauptstraße, die rechts ins **Ortszentrum** führt.

19 Der durchlöcherte Fels im Meer

Serpentinenweg durch felsgespickten Küstenhang: Von Son Marroig zur Punta de sa Foradada

leicht

6 km

2 Std.

↑ 260 m
↓ 260 m

Tourencharakter: Einfache Wanderung auf einem Fahrweg; der Wiederanstieg wird bei Hitze mühsam. Zugang nur mit Erlaubnis, die man formlos beim Kauf einer Eintrittskarte für das (sonntags geschlossene) Herrenhaus Son Marroig erhält.
Beste Jahreszeit: Ganzjährig.
Reine Gehzeit: 45 Min. Abstieg, 1 Std. Aufstieg.
Markierung: Wegweiser.
Ausgangs- und Endpunkt: Son Marroig.
Anfahrt: Auf der C-710 zwischen Deià und Valldemossa. Parkplatz und Bushaltestelle bei Son Marroig.
Essen & Trinken: Bar und Restaurant am Mirador de sa Foradada (direkt neben Son Marroig, Tel. 971 63 90 26, nur abends), im Sommer Restaurant auf der Halbinsel.

Sa Foradada heißt jedes Felsloch auf Mallorca. Das berühmteste davon klafft mit einem Durchmesser von 19 m in jener Halbinsel, die genau unterhalb des Gutshofes Son Marroig aus der Nordwestküste ins Meer hineinragt. Erzherzog Ludwig Salvator von Habsburg-Lothringen, der hier ab 1867 riesige Ländereinen erwarb, war nicht nur von den berauschenden Sonnenuntergängen über diesem Naturwunder begeistert (»mar roig« heißt so viel wie rotes Meer). Er ließ auch einen bequemen, breit aufgemauerten Serpentinenweg durch den felsgespickten Küstenhang hinunterbauen. Wollte er unterwegs rasten, so tat er das mit Vorliebe auf jenem Mirador, zu dem einige Stufen hinaufführen. Unten am Wasser hört man manchmal ein seltsames Stöhnen und Seufzen – nein, es kommt nicht vom Geist des Erzherzogs, sondern aus den Höhlen unterhalb der Klippen, in denen die Brandung zerschellt. Kurz danach erreicht man auch schon die Playola, den winzigen Strand an der engsten Stelle der Halbinsel. Hier ist der auf Mallorca bis heute hochverehrte Adelige aus dem fernen Österreich zum ersten Mal mit seinem Dampfer »Nixe« gelandet.

Abstieg vom Herrenhaus Son Marroig

Der Wegverlauf

Vom **Parkplatz** an der Straße gehen wir zunächst zum Eingang von **Son Marroig**, wo die Tickets für die Besichtigung erhältlich sind. Auf der Asphaltstraße wandern wir hinter dem Gebäude und dem Garten mit dem Marmorpavillon kurz aufwärts, bis rechts eine abgesperrte Betonpiste abzweigt. Die Leiter neben dem **Eisengatter** übersteigen und auf dem breiten, bald geschotterten Fahrweg in Serpentinen zwischen alten, unglaublich bizarren Olivenbäumen abwärts; bei einer beschilderten Abzweigung rechts bleiben. Nach dem nächsten Gatter (Durchlass links) schlängelt sich der aufgemauerte Weg unter einer gewaltigen, mit Tropfsteinen verzierten Felswand (herrlicher Tiefblick auf die Halbinsel) und durch Kiefernwald zum Meer hinunter; dazwischen führen Stufen zu einem **Mirador** hinauf. Unten **Wegteilung**: Links kann man ein kurzes Stück dem Camí pérdua (verlorener Weg) folgen, bis man einen schönen Blick zum Felsloch genießt; rechts geht es über dem felsigen Ufer zum zweiten Einschnitt der Halbinsel, hinter der ein kleiner **Strand** zum Rasten und Baden einlädt.
Zurück auf der gleichen Route.

Ein breiter Weg führt zur durchlöcherten Halbinsel hinaus.

20 Des Erzherzogs Aussichtsplatz

Spektakuläre Ausblicke: Valldemossa – Pla des Pouet – Mirador de ses Puntes – Veiá – Valldemossa

mittel

7 km

2 Std.

↑470 m ↓470 m

Tourencharakter: Eindrucksvolle Bergwanderung zu einem exponierten Mirador hoch über Valldemossa. Vorsicht, Felsabstürze!
Beste Jahreszeit: Frühjahr und Herbst.
Reine Gehzeit: 1 Std. Aufstieg, 1 Std. Abstieg.
Markierung: Streckenweise Farbpunkte und Steinmännchen.
Ausgangs- und Endpunkt: Valldemossa.
Anfahrt: Von Palma auf der C-111 oder auf der Küstenstraße C-710 zwischen Andratx und Sóller (Abzweigung zwischen km 71 und 72); Parkplatz entlang der westlichen Zufahrtsstraße und an der Avinguda de Palma, Bushaltestelle im Ortszentrum.
Essen & Trinken: Unterwegs keine Einkehrmöglichkeit – also Proviant und Getränke mitnehmen. Bars und Restaurants in Valldemossa, z.B. Can Costa (an der Straße Richtung Deià, Tel. 971 61 22 63, Di geschlossen, mallorquinische Küche.

Ein spektakulärer Aussichtspunkt hoch über einer Felswand, der »Reitweg« des österreichischen Erzherzogs Ludwig Salvator und eine geheimnisvolle Höhle, die heute noch zeitweise bewohnt wird: Auf dieser Wanderung im Hinterland der berühmten Kartause von Valldemossa jagt eine Überraschung die nächste!

Was gibt's hier zu meckern?

Der Wegverlauf

Vom Ortszentrum in **Valldemossa** (Plaça Campdevànol, 430 m) gehen wir gegenüber der Wegweiser »Palma/Sóller« in den Carrer Rector Joan Mir (Richtpunkt: gelber Briefkasten unter zwei Palmen). Bei der zweiten Abzweigung rechts in den Carrer de Joan Fuster einbiegen und am **Sportplatz** vorbei. Bei der nächsten zweiten Abzweigung links auf den Carrer de les Oliveres, den man bis zum Ende beim **Haus Can Massana** hinaufgeht. Hier links auf den Karrenweg abzweigen (Kette, Tafeln). Bei einem Zaun nach links und den steinigen Camí des Pouet hinauf. Nach der Überquerung eines Weges geht es durch zwei Gatter (das hintere auf der Holzleiter übersteigen). Dahinter links auf

20

dem breiten Weg neben der Wasserleitung weiter, dann scharf rechts abzweigen und in Kehren durch den Wald hinauf (einen rechts abzweigenden Weg ignorieren). Hinter einem Mauerdurchlass erreicht man die Hochebene **Pla des Pouet** (690 m), auf der mehrere Wege abzweigen: Wir gehen etwa 80 m geradeaus und dann links über einen Köhlerplatz zur Lichtung mit der **Font des Pouet**. Rechts am Brunnen vorbei, dann nach links in den Steineichenwald, wo der kunstvoll angelegte **Reitweg** beginnt. Es geht zwischen Felsplatten aufwärts und zuletzt sanft abfallend zum zinnengekrönten **Mirador de ses Puntes**.

Wir gehen ein paar Schritte zurück und dann auf dem links im spitzen Winkel hinaufführenden **Reitweg** weiter. Nach einigen Kehren (etwas verwachsen) überschreiten wir den **Pouet** (856 m, weiße Säule) und wandern sodann hinüber zum bewaldeten Gipfel der **Veiá** (869 m, rechts die Ruine der **Gipfelhütte**). Es folgt der Abstieg zum Sattel **Coll de s'Estret de Son Gallard** (762 m, Steinbank). Folgt man jetzt dem Reitweg wieder aufwärts Richtung Teix, so erreicht man nach 5 Min. die Abzweigung eines schmalen Pfades, welcher rechts zur nahen **Cova de s'Ermita de Son Moragues** führt. Steigt man vom Sattel auf dem breiten Weg nach rechts ab, erreicht man wieder die **Font des Pouet** – von dort wandert man auf der Aufstiegsroute nach **Valldemossa** zurück.

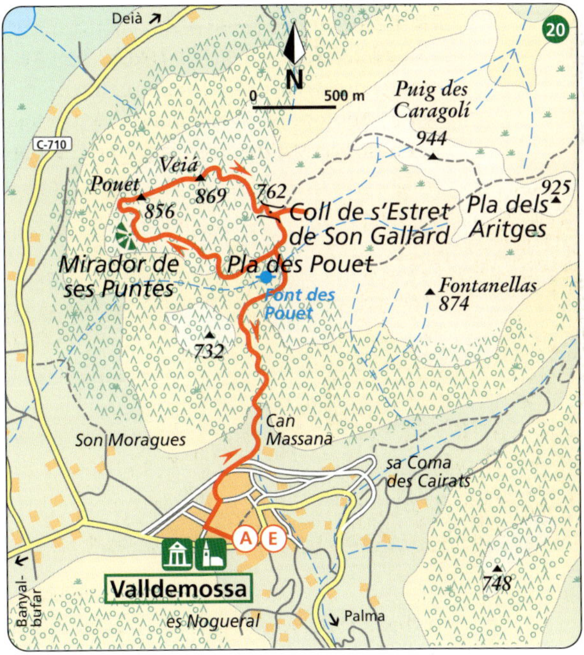

21 Echofelsen und Fischerhafen

Terrassenhänge so weit das Auge reicht: Von Banyalbufar nach Port des Canonge

leicht

11 km

3 Std.

↑170 m ↓170 m

Tourencharakter: Einfache und großteils schattige Halbtagswanderung.
Beste Jahreszeit: Ganzjährig.
Reine Gehzeit: 1 1/2 Std. hin und 1 1/2 Std. zurück.
Markierung: Farbpunkte.
Ausgangs- und Endpunkt: Banyalbufar.
Anfahrt: Auf der C-104 von Palma über Esporles, dann links auf der Küstenstraße C-710.
Essen & Trinken: Unterwegs keine Einkehrmöglichkeit – also Proviant und Getränke mitnehmen. Bars und Restaurants in Banyalbufar, z.B. Bar Bellavista (im Ortszentrum – nomen est omen); Restaurant Can Toni Moreno in Port des Canonge (Tel. 971 61 04 26, Fisch, nur im Sommer).

Banyalbufar ist etwas ganz Besonderes: Hunderte Terrassen wurden in den steilen Hängen rund um das Dorf angelegt – die ältesten davon sollen auf die Araber zurückgehen. Ein kurzer Spaziergang oberhalb des Ortes wird auch Ihren Kindern gefallen, denn mit jedem Schritt entdeckt man mehr vom dazugehörigen Bewässerungssystem mit seinen Quellfassungen, Becken und Leitungen, in denen es nach einem ganz genau festgelegten Plan gluckert und blubbert. Wer mehr Zeit hat, sollte sich die längere Wanderung ins benachbarte Fischerdorf Port des Canonge nicht entgehen lassen: Der überaus romantische Weg (»Volta des General«) führt unter einem »Echofelsen« vorbei und zu einem kleinen, von leuchtend roten Felsen umgebenen Kiesstrand.

Die wilde Küste an der Punta de s'Àguila

Der Wegverlauf

Wir gehen zunächst auf der **Hauptstraße** (Carrer Miramar, C-710) Richtung Valldemossa durch den Ort und im Bogen über einem Graben aufwärts. In der untersten **S-Kurve** zweigt links eine Schotterstraße ab, die ober-

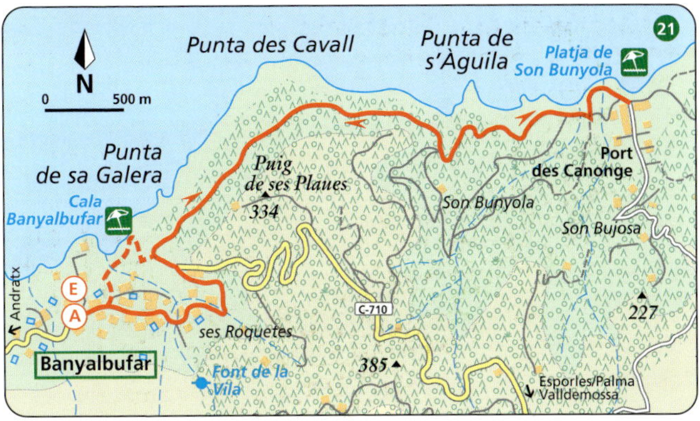

halb eines Hauses zu einer Abzweigung führt. Dort rechts auf der oberen Straße weiter (links geht's zum Port de Banyalbufar und zum Minihafen an der Punta de sa Galera hinunter – ein lohnender Abstecher). Bei einem betonierten Wasserbehälter links abbiegen und zu einem Tor, das auf einer Eisenleiter überstiegen wird. Bei der folgenden Wegteilung bleibt man auf der rechten, oberen Straße, die sich bald zu einem bequem begehbaren Weg verschmälert. Bei der nächsten Abzweigung links hinab und an einem Köhlerplatz und den Ruinen der Casetes d'en Pere Antoni vorbei, dann eben oder sanft absteigend zwischen einzelnen Felsblöcken durch den Wald. Über dem **Pla des Cavall** an einem alten Kalkofen vorbei, dann am Fuß der hohen, teilweise überhängenden und brüchigen **Wandabstürze** des Puig de ses Plaues (Vorsicht Steinschlag!) entlang. Bald leuchtet die weiße Felsspitze der **Punta de s'Aguila** zwischen den Bäumen herauf, und kurz danach erreicht man eine breite und staubige Schotterstraße. Hier gehen wir scharf nach links und ins Tal unterhalb der Finca Son Bunyola hinab. Bei allen folgenden Wegteilungen links weiter und schließlich links durch rotes Gestein zum Kiesstrand der **Platja de Son Bunyola**, wo der kleine Torrent de Son Coll ins Meer mündet. Zwischen den Bootshütten wieder aufwärts und oberhalb der Küstenklippen weiter, dann über einen zweiten Torrent und zu einer ebenen Wiese. Geradeaus gelangt man zum Kiesstrand, rechts zur Asphaltstraße und zu den Häusern von **Port des Canonge** (das Restaurant liegt etwa 500 m weiter oben).

Zurück wandern wir auf der gleichen Route.

22 Blick zur Dracheninsel

Verträumter Fischerort: Sant Elm – Can Tomeví – Torre de Cala d'en Basset – Sant Elm

mittel

6 km

2 Std.

↑ 120 m ↓ 120 m

Tourencharakter: Großteils schattige Wanderung auf breiten Wegen und einem schmalen Pfad, der an einer kurzen Stelle Trittsicherheit erfordert. Vorsicht, Felsabstürze hinter der Torre de Cala d'en Basset!
Beste Jahreszeit: Ganzjährig.
Reine Gehzeit: 1 Std. hin und 1 Std. zurück, mit dem Abstecher zur Cala d'en Basset 45 Min. mehr.
Markierung: Stellenweise blaue und rote Farbpunkte, Steinmännchen.
Ausgangs- und Endpunkt: Sant Elm, Bar es Molí (mit Windrad) an der Plaça de Mossén Sebastià Grau im hinteren Ortsbereich.
Anfahrt: Von Andratx auf der PM-103 über s'Arracó nach Sant Elm. Parkplatz und Bus-Endstation bei der Bar es Molí. Parkplatz und Bushaltestelle am Ausgangspunkt.
Essen & Trinken: Im Sommer Einkehrmöglichkeit in der Finca Can Tomeví; Restaurants in Sant Elm.

Wanderziel Wachturm: Hoch über der Cala d'en Basset

Ein kleiner, feiner Sandstrand, davor ein kreisrundes Felsinselchen namens Pantaleu und die Silhouette der Illa sa Dragonera – das sind die Trümpfe von Sant Elm, dem liebenswerten Fischer- und Ferienort im äußersten Westen Mallorcas. Allerdings war das Leben hier nicht immer angenehm: Einst wurde die »Dracheninsel«, die wirklich wie ein graugrüner Drachenrücken im Meer schwimmt, von Piraten angesteuert. Die Freibeuter setzten in die Bucht der Cala d'en Basset über, um dann landeinwärts Richtung Andratx vorzustoßen – einmal vernichteten sie dabei ein ganzes Dorf. Erst als man im Jahre 1583 einen Wachturm hoch über der Cala d'en Basset errichtete, konnte das Unwesen eingedämmt werden. Er steht noch heute und bildet die attraktive Zwischenstation auf einer Rundtour, die noch weitere Überraschungen für Groß und Klein bereithält.

Der Wegverlauf

Von der **Bar es Molí** in Sant Elm wandern wir auf der anfangs asphaltierten Avinguda de la Trapa durch ein schattiges Waldtal zur **Finca Can Tomeví**. Hier zweigen mehrere Routen ab: Geradeaus erreicht man nach wenigen Minuten eine Wegkreuzung, von der man links auf dem breiten Weg zwischen zwei Betonpfosten zum Kiesstrand der **Cala d'en Basset** hinabwandern könnte. Wer hingegen zur **Torre de Cala d'en Basset** will, muss nun am Waldrand hinter der Finca links abzweigen (Wegweiser »Torre«): Man geht am hinteren Parkplatz vorbei und folgt dem Karrenweg über eine Kreuzung zum Haus Can Pepe. Danach führt ein Waldweg zu einer Schotterstraße, auf der man rechts weitergeht. Nach wenigen Minuten, kurz vor dem Straßenende, biegen wir rechts auf einen Waldweg ab (Steinmännchen und Farbpunkte beachten). An einem Köhlerplatz vorbei auf den bewaldeten Höhenrücken (123 m), dann nach links und quer durch den Hang zum alten **Wachturm**, der hoch über der Bucht steht.

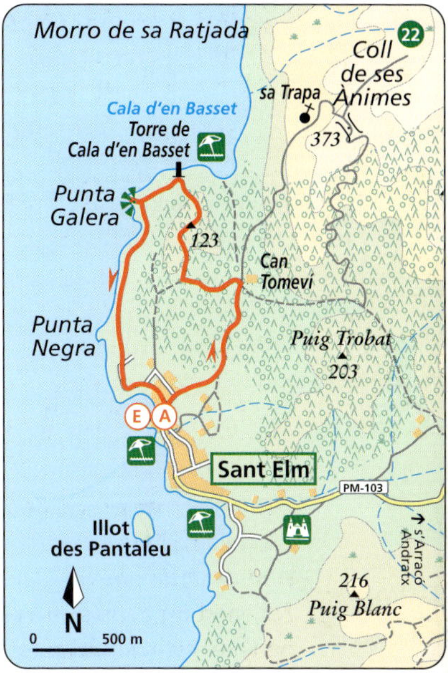

Gleich vor dem Turm zweigt ein schmaler Pfad ab, der unterhalb der Zugangsroute zum Meer hinabführt. Im Wald verzweigen sich die Steigspuren. Wo das Gelände flacher wird, empfiehlt sich ein Abstecher rechts zur großen, schon vom Turm aus sichtbaren Felsplattform, auf der zahlreiche Steinmännchen stehen. Oberhalb der Felsabbrüche erreicht man wieder den gut ausgetretenen Pfad, der auf eine Felsbarriere zusteuert. Diese überwindet man überraschend einfach durch eine gestufte Rinne, die schräg aufwärts führt. Danach geht es im sanften Auf und Ab (oberhalb der winzigen **Illa Mitjana**) zum Beginn einer Schotterstraße, die an einigen Bauruinen vorbeiführt. Von den ersten Appartementhäusern spazieren wir auf der Asphaltstraße zur **Bar es Molí** zurück.

Eine Einladung zum Paradeweg von Sant Elm.

23 Ein schroffer Gipfel für Klettermaxen

Lust auf Kraxeln: Auf den Puig d'en Basset (Puig d'en Farineta)

anspr.	
4 km	
1–2 Std.	
↑200 m ↓200 m	

Tourencharakter: kurze, durch einige Kraxeleinlagen spannende Bergwanderung. Besondere Vorsicht im Gipfelbereich – hohe Felsabbrüche!
Beste Jahreszeit: Frühjahr und Herbst.
Reine Gehzeit: Aufstieg etwa 1 Std., Abstieg 45 Min.
Höhenunterschied: 200 m.
Weglänge: etwa 4 km.
Markierung: gelbe und rote Farbpunkte, stellenweise Steinmännchen.
Ausgangs- und Endpunkt: der Friedhof nahe dem Coll de sa Palomera zwischen s'Arraco und Sant Elm.
Anfahrt: von Palma nach Andratx und 5 km weiter über s'Arraco Richtung Sant Elm; Parkplatz beim Friedhof.
Essen & Trinken: Unterwegs keine Einkehrmöglichkeit – also Proviant und Getränke mitnehmen. Bars und Restaurants in s'Arracó und Sant Elm.

Kein Kinderspiel: die "Gipfelhütte" auf dem Puig d'en Basset.

Die »Tausender« der Serra de Tramuntana sind keine »Kinderberge« – zu lang(weilig) die meisten Zustiege, zu gefährlich im Felsbereich. Daneben gibt es aber niedrigere Berge, auf denen der Nachwuchs seine Freude am Kraxeln ausleben kann. Einer davon erhebt sich zwischen Sant Elm und der kleinen Ortschaft s'Arracó im Hinterland von Port d'Andratx: Der Puig d'en Basset (auch Puig d'en Farineta genannt) ist genauso schroff und felsig

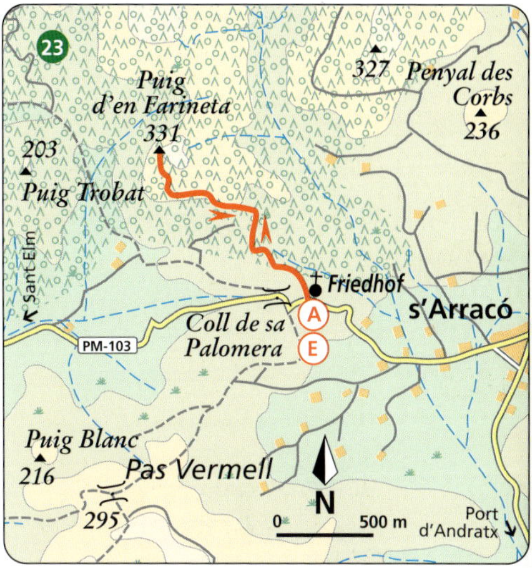

wie seine berühmteren Nachbarn, aber in verhältnismäßig kurzer Zeit erreichbar und auch in Bezug auf die Orientierung überschaubar – sogar eine kleine Schutzhütte hat man unter seinen Gipfel gebaut. Erklimmen sollte man ihn natürlich nur mit Kindern, die Freude im Felsgelände haben und sich entsprechend sicher bewegen. Gefordert ist aber auch Disziplin: Nach Nordwesten bricht der Berg mit einer senkrechten Wand ab. Die Mauer des Gipfelmiradors gibt wohl Sicherheit beim Betrachten des weiten Panoramas, aber rundherum ist kein Platz zum Herumtollen.

Der Wegverlauf

Vom **Parkplatz** gehen wir auf dem Camí de Son Verí links am **Friedhof** vorbei. Bei der folgenden Abzweigung folgt man der Asphaltstraße links in ein kleines Tal hinauf, dort zweigt man rechts auf eine Schotterstraße ab. Gleich darauf – vor dem Tor zum Anwesen **Son Verí** (Haus Nr. 7) – biegen wir scharf rechts auf einen Pfad ab, der in den Wald und neben einem Zaun aufwärts führt. Am oberen Ende des Zauns zweigt man nochmals rechts ab und steigt über einen Rücken an (gelbe und rote Markierungspunkte, Steinmännchen beachten). Nach der Umgehung der Häuser mündet links ein breiterer Weg ein. Wir gehen weiterhin aufwärts, queren links schräg durch den Hang (nicht rechts abzweigen) und erklettern im Zickzack einige Felsstufen. Schließlich gelangt man unterhalb einer kleinen Felswand auf einen steinigen Rücken. Etwas rechts davon wandert man über kleine Felsstufen zum ausgemauerten Mirador auf den **Puig d'en Basset** (Puig d'en Farineta, 331 m).

Der Abstieg erfolgt auf der gleichen Route.

24 Die Wasserfälle am Fuß der Felsen

Bärengehege und prächtige Pfauen: Durch die Reserva Puig de Galatzó

mittel

4 km

2Std.

↑200 m

↓200 m

Tourencharakter: Stellenweise schattige Halbtagswanderung im Vorland des Galatzó. Die Reserva Puig de Galatzó ist täglich von 10 Uhr bis zum Sonnenuntergang geöffnet.
Beste Jahreszeit: Ganzjährig.
Reine Gehzeit: Rundgang 2 Std., mit dem Hin- und Rückweg ab Galilea 3 1/2–4 Std.
Markierung: Richtungspfeile und Schautafeln.
Ausgangs- und Endpunkt: Der Eingang zur Reserva Puig de Galatzó (Parkplatz).
Anfahrt: Von Palma Richtung Esporles, ab Establiments auf der PMV-104-1 nach Puigpunyent. Von dort kurz Richtung Galilea, bei der südlichen Ortseinfahrt rechts abbiegen und der verschlungenen Zufahrtsstraße folgen (Wegweiser zur »Reserva Puig de Galatzó«). Keine Busverbindung – in einigen Hotels der Tourismuszentren werden jedoch organisierte Ausflüge zur Reserva und ihrem neuen Abenteuerpark angeboten.
Essen & Trinken: Zwei kleine Bars bzw. Grillmöglichkeit im Freizeitbereich der Reserva (im Kiosk kann man Grillfleisch und Getränke kaufen).

Lasst uns den Grill anwerfen: Picknickplatz in der Reserva.

Im südwestlichen Auslauf der Serra de Tramuntana, nahe dem Bergdorf Galileia und direkt am Fuß des felsigen Galatzó, liegt eine der interessantesten Freizeit-Attraktionen der Insel: Die 21 ha große Reserva Puig de Galatzó. Es handelt sich dabei um einen privaten Naturpark, der im zerklüfteten Wald- und Felsgebiet einer weltentlegenen Finca eingerichtet wurde. Hier überra-

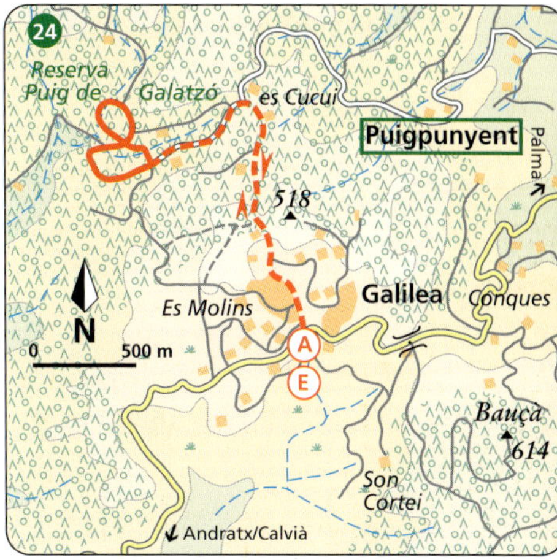

schen rauschende Bachläufe, Ententümpel und (künstliche, aber echt wirkende) Wasserfälle, kleine Höhlen oder ein Köhlerplatz. Zu den »tierischen« Überraschungen zählen Käfige mit seltenem Federvieh und Vogelstimmen, die vom Band kommen, ein Bärengehege und prächtige Pfauen, die frei herumlaufen und so laut schreien, dass man sie noch hoch droben auf dem Gipfel hört. All das lässt sich auf einem gut angelegten Rundweg erwandern, 4 km im abwechslungsreichen Bergauf und Bergab, über Treppen und Brücken, vorbei an 16 beschilderten Erlebnispunkten. Zuletzt erreicht man das Vall de les sis Fonts mit seinem Rast- und Grillplatz. Schattige Tische und Bänke laden zur Rast und zum Picknick ein, und wer gerne grillt, kann einen der gemauerten Öfen benutzen. Frisch gestärkt geht es dann zum angeschlossenen Freizeitgelände »Aventur-Natur-Galatzó«. Dieser neue Abenteuer-Park bietet schwankende Seilbrücken, Kletterrouten und Mountain-Biking, man kann sich hier aber auch im Reiten oder Bogenschießen versuchen.

Der Wegverlauf

Durch das **Parkgelände** führt ein sehr schön angelegter, nicht zu verfehlender Rundweg mit vielen Holz- und Steinstufen zu **16 Erlebnisbereichen** bzw. **Rastplätzen**.

Zugang von Galilea: Man geht den Carrer Major und den steilen Camí de sa Font zu den obersten Häusern hinauf und dann links auf dem Camí de sa Mola Petita bis hinter das **Haus Can Juan Petit**. Hier zweigt man rechts ab und wandert auf einem (anfangs undeutlichen) Pfad in einen Waldgraben hinab. Weiter unten folgt man der Asphaltzufahrt bis zum **Haus es Cucui**. Dort erreicht man die Straße, die von Puigpunyent heraufführt – auf dieser wandert man links nach der Beschilderung bis zum Parkeingang.

25 Riesenmauern im Urlaubsparadies

Badevergnügen und Sonnenschein:
Auf den Puig de na Morisca

leicht

2 km

50 Min.

↑100 m
↓100 m

Tourencharakter: Einfache und stellenweise schattige Kurzwanderung.
Beste Jahreszeit: Ganzjährig.
Reine Gehzeit: Etwa 30 Min. Aufstieg und 20 Min. Abstieg.
Markierung: Keine.
Ausgangs- und Endpunkt: Santa Ponça.
Anfahrt: Auf der Autobahn von Palma Richtung Andratx. Bei der Ausfahrt Santa Ponça (Windmühle) abzweigen, beim nächsten Kreisverkehr links (Beschilderung »Habitat Golf Santa Ponça«) und beim dritten Kreisverkehr geradeaus Richtung »Porto Golf Residencial«. Den Berg hinauf und am Sattel links auf den Carrer del Puig de na Morisca abzweigen (Parkplatz).
Essen & Trinken: Unterwegs keine Einkehrmöglichkeit; Bars und Restaurants in Santa Ponça.

Kleiner Berg, großes Kreuz: der Puig de na Morisca gegen den Galatzó

Der Südwesten Mallorcas bietet nicht nur Badefreuden und Urlaubvergnügen aller Art, sondern auch weitgehend unberührte Waldgebiete und – das mag manche überraschen – sogar ein paar interessante Berge. Die kleinste dieser Erhebungen findet man mitten zwischen den Ferienhäusern und Golfplätzen um Santa Ponça: Der Puig de na Morisca ist zwar nur ganze 119 m hoch, aber durchaus felsig und mit einem weithin sichtbaren Gipfelkreuz gekrönt. Man ist schnell droben und staunt dann über die unglaublich weite Aussicht, die von den Felsgipfeln der Serra de Tramuntana bis zu den Hochhäusern von Magaluf reicht; deutlich erkennt man auch die doppeltürmige Kirche von Calvià und Galilea, das höchstgelegene Bergdorf Mallorcas. Die gute Sicht zur Küste haben die Menschen schon in der Bronzezeit geschätzt – das zeigen jedenfalls die Reste der gewaltigen Zyklopenmauern, die noch heute über den niedrigen, aber einst kaum zu bezwingen-

25

Badefreuden im Urlaubsparadies

den Felswänden zu sehen sind. Spannend ist es, während des Aufstiegs nach den sauber übereinander geschichteten Steinen Ausschau zu halten: Wie mögen die Bewohner dieser Siedlung vor rund 3 000 Jahren gelebt haben, wie haben ihre Hütten wohl ausgesehen? Auf jedem der beiden Gipfel des Berges finden sich die Grundfesten von talaiots, also jener urzeitlichen Türme, deren genaue Bedeutung bis heute im Dunklen liegt.

Der Wegverlauf

Vom Parkplatz am **Carrer del Puig de na Morisca** wandern wir auf einem breiten Fahrweg in den Kiefernwald. Nach wenigen Minuten erreicht man eine Dreiteilung: Folgen Sie der mittleren, bald schmaler werdenden Route aufwärts – sie führt links um den felsigen **Vorgipfel** herum und dann rechts in einen Sattel. Von dort geht es links auf stellenweise verzweigten Pfaden durch Gebüsch und an überwucherten Mauern vorbei zum **Gipfelkreuz** (119 m) hinauf.

Der Abstieg erfolgt auf der gleichen Route. Vom **Sattel** aus kann man auch den **Vorgipfel** (91 m) erklettern oder auf der Südseite des Berges zum Ausgangspunkt hinunterwandern.

ANREISE

Von allen größeren Airports Flugverbindungen nach Palma de Mallorca. Flugzeit ab Deutschland/Österreich etwa 2 Stunden. Info: Aeroport Son Sant Joan, Tel. 971 78 96 55 oder 971 78 90 99. Die Verbindungswege im Flughafengebäude sind (trotz der Laufbänder) sehr lang; nehmen Sie also nicht zu viel Handgepäck mit. Vom Flughafen direkte Anbindung an die Insel-Autobahn; alle 20 Minuten Busverbindung zur Plaça d'Espanya in Palma (→ Bahn/Bus).

¡Hola Mallorca! Anflug über Palma.

AUSKUNFT

Spanisches Fremdenverkehrsamt in Deutschland: D-10707 Berlin, Kurfürstendamm 180, Tel. 030/8 82 66 61; D-40237 Düsseldorf, Grafenberger Allee 100, Tel. 0211/6 80 39 81; D-60323 Frankfurt/Main, Mylinusstr. 14, Tel. 069/72 50 33; D-80336 München, Schubertstr. 10, Tel. 089/5 38 90 75. In Österreich: A-1010 Wien, Walfischgasse 8, Tel. 01/5 12 95 80. In der Schweiz: Ch-8008 Zürich, Seefelder Str. 10, Tel. 01/2 52 79 31.

Touristinformation auf Mallorca: Conselleria de Turisme del Govern Balear, Tel. 971 17 61 91; IBATUR (Institut Balear de Tourisme, Tel. 971 71 20 10); Foment del Turisme (Tourismusförderung): E-07001 Palma de Mallorca, C/. Constitució 1, Tel. 971 71 53 10 oder 971 72 53 96.

Örtliche Touristinformation: Palma (Flughafen; Plaça de la Reina, 2, Tel. 971 71 22 16); Kiosk an der Plaça d´Espanya, (Tel. 971 71 15 27); Cala d'Or (Tel. 971 65 74 63); Cala Millor (Tel. 971 58 58 64); Can Picafort (Tel. 971 85 03 10); Cala Rajada (Tel. 971 56 30 33); Colònia de Sant Jordi (Tel. 971 65 60 73); Peguera (Tel. 971 68 70 83); Port de Pollença (Tel. 971 86 54 67); Port de Sóller (Tel. 971 63 01 01); Portocolom (Tel. 971 82 57 68); Santa Ponça (Tel. 971 69 17 12); Sóller (Tel. 971 63 02 00); Valldemossa (Tel. 971 61 21 05).

Mallorca im Internet:

www.mallorcaweb.com; www:visitbalears.com; www:mallorcamarket.com; www.mallorcaonline.com;www.toptravel.com; www.caib.es

AUTO

Leihwagen: Für die schmalen Straßen auf Mallorca und die gewaltige Verkehrsdichte in Palma empfehlen sich nur wendige Kleinwagen. Im riesigen Angebot (etwa 25 000 Mietwagen!) unbedingt die Gesamtkosten vergleichen – umfassen sie Mehrwertsteuer, umfassende Versicherungsleistungen, unbegrenzte Kilometer? Wird der Wagen im Schadensfall abgeschleppt, ist Abholung/Abgabe am Flughafen möglich? Empfehlenswert ist der Abschluss einer Vollkaskoversicherung ohne Selbstbeteiligung. Mindestalter für Fahrer 21 Jahre; der nationale Führerschein genügt. Alle Fahrer im Vertrag eintragen lassen. Von zu Hause über ein Reisebüro zu buchen, ist manchmal etwas teurer als vor Ort, hat aber den Vorteil, dass bei Streitfällen der Gerichtsstand im Heimatland liegt. Vergessen Sie nicht, bei der Buchung ggf. einen Kindersitz zu bestellen!

Verkehrsregeln: Höchstgeschwindigkeit für Pkws: Ortsgebiet 50 km/h (oft auch nur 40 km/h), Landstraße 90 km/h, Autobahn 120 km/h. Es besteht Gurtpflicht; für überhöhte Geschwindigkeit, Überfahren von Sperrlinien und Falschparken drohen hohe Geldstrafen bzw. Abschleppen. Unterwegs besondere Vorsicht bei Bussen und Radfahrergruppen. Lassen Sie nichts im Auto liegen!

Parken: In Palma am besten in Parkgaragen, sonst innerhalb der blauen Bodenmarkierung mit Parkschein vom Automaten (werktags 9.30 bis 13.30 Uhr und 17 bis 20 Uhr, Sa 9.30 bis 13.30 Uhr, maximale Parkdauer 1 1/2 Std.). Entlang der Landstraßen meist nur kleine Parkmöglichkeiten – keine Einfahrten verstellen; an gelben Bodenmarkierungen Parkverbot.

Pannenhilfe/Abschleppdienst: R.A.C.E. (Real Automobil Club de España) in Palma (rund um die Uhr, Tel. 971 59 33 33, auch deutsch).

Einer der schönsten Strände der Insel liegt beim Hotel Formentor im Nordwesten.

BADEN

Mehr als 70 Sandstrände zwischen 20 m und 6 km Länge garantieren an der 550 km langen Küste Mallorcas Badevergnügen; darüber hinaus findet man viele schöne Kiesbuchten. Das Meer ist praktisch überall sauber; über mehr als 20 Stränden weht die blaue Flagge als Qualitätsprädikat der EU. Unberührt sind jedoch nur wenige Badeparadiese – besonders in der Hochsaison herrscht an allen Stränden in Orts- und Hotelnähe ziemlicher Trubel. In vielen Hotels und Fincas sieht man es übrigens nicht gerne, dass Badetücher zum Pool oder zum Strand mitgenommen werden – nehmen Sie also genug von zu Hause mit!

Eine Strandübersicht gibt es beim Spanischen Fremdenverkehrsamt und der örtlichen Touristinformation (→ Auskunft). FKK ist auf Abschnitten der Strände es Trenc (bei Colònia de Sant Jordi), Cala Mago (Portals Vells westlich von Palma) und zwischen Can Picafort und Colònia de Sant Pere erlaubt.

Signalflaggen: Grün = ungetrübtes Badevergnügen, gelb = Vorsicht beim Baden, rot = absolutes Badeverbot. Rettungsstationen an den größeren Stränden. Vorsicht an der Felsenküste: Brandung und Strömung werden immer wieder unterschätzt, das Gestein ist oft messerscharf und unter Wasser verbergen sich Seeigel.

Durchschnittliche Wassertemperaturen in °C: Mai 17, Juni 21, Juli 24, August 25, September 24, Oktober 21, November 18.

BAHN/BUS

Bahn: Linie Palma–Sóller (»Roter Blitz«): täglich um 8, 10.40 (im Sommer mit Fotohalt), 13, 15.15 und 20.05 Uhr, im Winter 19.45 Uhr; letzte Rückfahrt ab Sóller 19.35 Uhr, im Winter 18.30 Uhr (Tel. 971 75 20 51). Linie Palma–Inca–sa Pobla: Täglich zahlreiche Verbindungen zwischen 6 und 21 Uhr, Sa/Sonn- und Feiertags im Stundentakt; (Tel. 971 75 22 45). Info und Fahrpläne an den beiden Ausgangsbahnhöfen an der Plaça d´Espanya in Palma. Ein Faltblatt mit den Fahrplänen gibt es bei der örtlichen Touristinformation.

Mallorcas Busnetz – ab Palma gut, zwischen den Orten nur mäßig

Busse verbinden vor allem die Hauptstadt mit den größeren Orten; am Wochenende stark eingeschränkter Fahrplan. Ein Faltblatt mit den aktuellen Busverbindungen (samt Fahrpreisen) gibt es bei der örtlichen Touristinformation (→ Auskunft). Die Überlandbusse starten in Palma an der Plaça d´Espanya bzw. am nahen C./ Arxiduc Lluís Salvador. Viele Wander-Ausgangspunkte sind mit öffentlichen Verkehrsmitteln nicht oder nur sehr schlecht erreichbar (→ Auto, → Taxi). Mitunter sind auch Bus-Ausflugsfahrten eine Möglichkeit; Infos in Hotels und Touristinformation (→ Auskunft).

BOOTSAUSFLÜGE

Eine Übersicht der Bootsverbindungen (mit Abfahrtszeiten) gibt's bei der örtlichen Touristinformation (→ Auskunft), Infos über Bootsausflüge (z.B. mit Glasbodenbooten) und kombinierte Schiff-Bus-Ausflüge auch in vielen Hotels. Die meisten Boote verkehren nur in den Sommermonaten und nur bei ruhiger See.
Die wichtigsten Häfen: Port d'Alcúdia (nach Formentor); Cala Rajada (nach Cala Millor und Portocristo); Cala d'Or (nach Mondragó, Cala Figuera); Colònia de Sant Jordi und Portopetro (zur Nationalpark-Insel Cabrera); Palma (zu den Orten der Bucht von Palma, nach Sant Elm, Port de Sóller und Port d'Alcúdia); Port d'Andratx (nach Sant Elm und zur Insel Dragonera); Port de Sóller (nach Sant Elm, Cala Tuent und sa Calobra, Port d'Alcúdia), Sant Elm (zur Insel Dragonera).
»Inselhüpfen»: Nach Menorca zweimal täglich Fährverbindung Port d'Alcúdia–Ciutadella (Tel. 971 22 91 24), auch Auto- bzw. Fahrradmitnahme. Erkundigen Sie sich auf jeden Fall, ob Ihr Leihwagen auf Menorca versichert ist – falls nicht, buchen Sie dort einen Mietwagen. Nach Eivissa (Ibiza): In der Hauptsaison Schnellboot Palma–Sant Antoni (etwa 2 Std., Tel. 971 54 64 54). Auch

Eine Schifffahrt, die ist lustig – besonders zur Felsküste von sa Calobra.

mehrmals täglich Flugverbindungen nach Menorca und Eivissa (Ibiza); Reservierung in Reisebüros oder am Flughafen Palma (Tel. 971 26 50 00 oder 971 26 02 73). Von Eivissa (Ibiza) Fähre nach Formentera (Tel. 971 31 07 11). Nach Barcelona Schnellboot ab Palma, zweimal täglich (Tel. 902 41 42 42).

EINREISE

Bürger von EU-Staaten mit Reisepass oder (bis drei Monate Aufenthalt) mit Personalausweis, Bürger der Schweiz mit Reisepass. Kinder unter 16 Jahren mit Eintragung im Pass der Eltern oder eigenem Kinderausweis.

ESSEN UND TRINKEN

Essenszeiten und Tischsitten: Mittagessen gegen 14 Uhr (in Tourismusorten oft schon ab 13 Uhr; fast jedes Restaurant bietet ein günstiges Mittagsmenü); Abendessen ab 19.30 Uhr (Einheimische kommen meist erst nach 21 Uhr). Viele Bars bieten durchgehend kleine Gerichte an. In den meisten Restaurants wird man vom Kellner zu einem Platz geführt – man kann natürlich Wünsche äußern. In Spanien gilt es als unhöflich, sich zu Fremden an den Tisch zu setzen. Getrenntes Zahlen ist nicht üblich; die Mehrwertsteuer (7%) ist in den angegebenen Preisen manchmal noch nicht eingerechnet. Wer zufrieden war, lässt bis zu 10% Trinkgeld auf dem Tellerchen, auf dem der Kellner Rechnung und Wechselgeld bringt.

FAHRRAD

Ideale Ergänzung zum Wandern – viele Touren-Ausgangspunkte lassen sich gut per Rad oder Mountainbike erreichen! Radtransport auf den meisten Fluglinien möglich (beim Buchen mitteilen). Entspannt radelt man auf den verkehrsarmen, durchwegs asphaltierten Nebenstraßen der Inselebene es Pla – zahlreiche neue Radwege sind in Planung. Sportliche Straßentouren in der Serra de

Im Flachland wäre so mancher Trail auch mit dem Rad ein Erlebnis.

Tramuntana, etwa im Tal von Orient oder bei Pollença. Die Küstenstraße C-710 (Andratx–Pollença) samt Abstecher auf der Sa Calobra-Straße ist eine Herausforderung – bloß nicht im Sommer (zu heiß und zu viel Verkehr). Einen Gratis-Radführer über die Balearen gibt's beim Spanischen Fremdenverkehrsamt oder bei IBATUR (→ Auskunft).

FINCA-URLAUB

Die Balearen-Version von Urlaub auf dem Bauernhof. Vermietet werden rustikale, mitunter luxuriös ausgestattete (und dementsprechend teure) Landhäuser, meist mit Pool – mit Verpflegung oder für Selbstversorger, die allerdings auch die anstehenden Hausarbeiten bedenken müssen. Viele Fincas sind ziemlich entlegen – dann braucht man auf jeden Fall ein Auto und sollte sich fragen, ob der Nachwuchs in der Einsamkeit auch wirklich glücklich wird. Fincas sind also vor allem für Gruppen mit mehreren Kindern interessant. Gesellschaftsspiele nicht vergessen!
Info: Central de Reservas de l'Associació d'Agroturisme Balear (Tel. 971721508). Fincas sind auch im Programm vieler Reiseveranstalter, z.B. des Mallorca-Reisedienstes, D-60316 Frankfurt/Main, Berger Str. 35, Tel. 069/442023. Fincas im Internet: www.fincasmallorca.de

HOTELS / HOSTALS

Zwei Drittel aller Beherbergungsbetriebe Mallorcas befinden sich zwischen s'Arenal und Sant Elm, der Rest verteilt sich vor allem an der Ostküste sowie an den Buchten von Alcúdia und Pollença. In manchen Orten der Inselebene oder in der Serra de Tramuntana sind Übernachtungsmöglichkeiten dünn gesät.
Insgesamt freuen sich mehr als 1000 Hotels – nach fünf Kategorien klassifiziert – auf Gäste. Mit (lebhaften) Kindern wird man die teuerste Kategorie eher meiden und familienfreundliche Mittelklassebetriebe im Bereich der größeren Sandstrände suchen – dort finden die Kids alles, was ihr Herz begehrt – und meist rasch (deutschsprachige) Freunde. In vielen Orten findet man auch Hostals – kleinere (Familien-)Pensionen, die nach drei Kategorien unterschieden werden. Appartements (großteils nur für Selbstversorger) gibt es vor allem in den Tourismusorten.

Buchung über Reisebüros oder Central de Reservas de la Federación Empresarial Hotelera de Mallorca (Tel. 971706006). Den aktuellen Guía de Hoteles, Campings, Apartamentos Baleares gibt es beim Spanischen Fremdenverkehrsamt (→ Auskunft).

JUGENDHERBERGE

Eine schön gelegene Jugendherberge (Alberg Juvenil) befindet sich bei Mal Pas auf der Halbinsel Victòria westlich von Alcúdia (Tel. 902111188), Jugendherbergsausweis nötig, meist von Jugendgruppen belegt.

KARTEN

Kompass-Wander-, Rad- und Freizeitkarte Mallorca (Nr. 230), Maßstab 1:75000 – die beste Karte, auch überall auf Mallorca erhältlich. Mapa topográfico Nacional de España, Maßstab 1:25000, oder Cartografía Militar de España, Maßstab 1:50000 – genaue, aber veraltete Einzelblätter, fehlende Wege und keine Felsdarstellung. Erhältlich in einigen Buchhandlungen der Tourismusorte, in Palma auch im Kartengeschäft sa Casa del Mapa, Sant Domingo 11 (nur vormittags geöffnet, Tel. 971225945) oder bei Intersport, Avinguda Rosselló, 7 (Tel. 971725616).
Im örtlichen Zeitschriftenhandel sind einige mehr oder weniger brauchbare regionale Wanderkarten, z.B. über das Gebiet um Sóller oder Alcúdia, erhältlich.

KLÖSTER

Übernachtungsmöglichkeit in besonderer Atmosphäre und meist einfach ausgestatteten Zellen bzw. Pilgerherbergen bieten:
Santuario de Lluc zwischen Sóller und Pollença (550 m, mit Restaurants, Tel. 971517025);
Santuario de San Salvador bei Felanitx (510 m, mit Restaurant, Tel. 971827282);
Ermita de Bonany bei Petra (317 m, Tel. 971561101);
Santuario de Cura bei Randa (540 m, mit Restaurant, Tel. 971120260);
Santuario del Puig de Maria oberhalb von Pollença (333 m, kleine Bar und Restaurant, Tel. 971184132);
Ermita de Sant Miquel bei Montuïri (246 m, mit Restaurant, Tel. 971646314);

Santuario de Monti-Sion bei Porreres (263 m, Essen auf Vorbestellung, Tel. 971 64 71 85). Unbedingt vorher reservieren!

LITERATUR

Viele Wandertipps, aktuelle Reiseinformationen und eine herausnehmbare Faltkarte finden Sie im handlichen Führer »Mallorca – Wandern & Erleben« von Wolfgang Heitzmann; großformatige Fotos und informative Texte bietet der Bildband »Mallorca – sehen, entdecken, genießen« von Roland Motz und Gerhard P. Müller (beide Bruckmann Verlag, München).
Eine kompakte Übersicht über Land und Leute vermitteln zwei Bücher von Petra Rossbach: der handliche Marco-Polo-Reiseführer »Mallorca« sowie der Text-/Bildband »Mallorca – entdecken & erleben« (beide Mairs Geographischer Verlag, Ostfildern). Speziell für den Urlaub mit Kindern hat die Autorin den umfassenden Ratgeber »Familienreiseplaner Mallorca« herausgebracht (Companions Verlag, Hamburg).
Eine Fundgrube für Strandwanderungen bildet der spanische Luftbild-Führer »El Litoral de Mallorca« (geoPlaneta, Barcelona).

MEDIZINISCHE HILFE

Deutschsprachige (Kinder-) Ärzte bzw. Kliniken findet man im Mallorca Magazin (→ Zeitungen). Internationales Facharztzentrum Palma–Porto Pi (rund um die Uhr, Tel. 971 70 40 20). Ärztehaus Palma (7 bis 21 Uhr, Tel. 971 98 96 11 16 91). Staatliches Krankenhaus Son Dureta in Palma (Tel. 971 17 50 00). Urgencias Medicas (Notdienst rund um die Uhr, Tel. 971 72 22 22). Internationalen Krankenschein mitnehmen (bei AOK E 111); der Abschluss einer Reisekrankenversicherung mit Krankentransport ins Heimatland (u.a. über Alpinvereine, ADAC bzw. ÖAMTC) ist empfehlenswert. Die Apotheken (Farmàcia) führen alle gängigen Medikamente (meist billiger als in Deutschland).

NOTRUF

Europäischer Notruf für jede Art von Hilfe: Tel. 112 (gebührenfrei, rund um die Uhr, auch deutsch).
Ambulanz: Tel. 061; Rotes Kreuz: Tel. 971 20 22 22; Polizei: Tel. 091. Bei Unfällen mit Verletzten Policia Municipal: Tel. 092 bzw. Guardia Civil: Tel. 062. ADAC-Notruf: Tel. 0749/89 22 22 22.

ÖFFNUNGSZEITEN

Wer kann da widerstehen? Malerischer Laden in Palmas Altstadt.

Keine festen Ladenzeiten: Die Geschäfte öffnen meist um 9 oder 10 Uhr und schließen um 20 oder 21 Uhr; etwa zwischen 13 und 16 Uhr herrscht Siesta. Am Samstag fallen die Rollbalken meist zu Mittag, in vielen großen Supermärkten und im Kaufhaus El Corte Inglés in Palma kann man jedoch durchgehend bis 22 Uhr einkaufen. Die Postämter sind Mo – Sa 9 – 13 Uhr geöffnet, Banken Mo – Fr 8.30 – 14 Uhr (es gibt fast in jedem Ort Telebanco-Geldautomaten). Tankstellen sind meist durchgehend bis 22 Uhr offen, sonn- und feiertags aber meist geschlossen.

Die aktuellen, höchst unterschiedlichen Öffnungszeiten der Museen listet ein Faltblatt auf, das in den örtlichen Tourismusbüros (→ Auskunft) erhältlich ist. Manche Sehenswürdigkeiten sind So oder Mo geschlossen.

PRIVATQUARTIERE

findet man auf Mallorca nur selten – z. B. in Pollença bei Rainer und Amanda von Harnack, C/. Sant Joan 9, Tel. 971 53 21 58 (am besten 21–22 Uhr).

RADIO/FERNSEHEN

Deutschsprachiges Inselradio zwischen 13 und 22 Uhr auf UKW 95,8. Der TV-Sender Canal 4 (Sa Nostra Televisio, über Antenne zu empfangen) bringt täglich um 17 Uhr eine knappe Stunde deutschsprachiges Programm (Wiederholung am nächsten Tag um 9 Uhr).

REISEPLANUNG

ist vor allem mit Kindern sehr wichtig. Die meisten Ferienquartiere werden von Reiseveranstaltern langfristig gebucht, man sollte sich mit der Reservierung nicht allzu viel Zeit lassen. Zwischen Mai und Oktober ist Hochsaison, und in der übrigen Zeit sind viele Betriebe zumindest zeitweise geschlossen.

REITEN

Einige Reitställe mit Kursangebot und Ausritten: Club Escola Cavallistes in Calvià (Tel. 971 67 07 33); Escola de Equitació Son

Menut bei Felanitx (Tel. 971 58 29 20); Hípico Cala Rajada (Tel. 971 56 31 17); Escola de Equitació Pollença (Tel. 607 43 25 83).

SCHUTZHÜTTEN

Eine der beiden Berghütten Mallorcas: Refugi Tossals Verds.

Zwei bewirtschaftete Hütten bieten zünftige Übernachtungsmöglichkeiten: das Refugi Tossals Verds unterhalb des gleichnamigen Bergmassivs (540 m, zwei Schlafräume mit je 30 Lagern, ganzjährig bewirtschaftet; Zufahrt von Lloseta plus 1 Std. Fußwanderung; fürs Wochenende ist rechtzeitige Reservierung ratsam: PO Box 41/E-07360 Lloseta – Mallorca, Tel. 971 18 20 27, www.conselldemallorca.net/ tossals) und das Refugi Muleta neben dem Leuchtturm am Cap Gros (Zufahrt von Port de Sóller, Reservierung notwendig: PO Box 252/E-07100 Port de Sóller – Mallorca, Tel. 971 63 42 71, www.conselldemallorca.net/ muleta. Ein dritter Tipp wäre das einfache Gipfelgasthaus auf dem Puig d´Alaró (825 m, Tel. 971 18 21 12, siehe Tour 16).

TELEFON

Vorwahl von Deutschland, Österreich oder der Schweiz nach Spanien 0034, dann die regionale Vorwahl für die Balearen 971. Vorwahl von Mallorca nach Deutschland 0049; nach Österreich 0043; in die Schweiz 0041, dann die jeweilige Ortskennzahl ohne 0. Achtung: Die Regionalnummer 971 muss auch bei allen Telefonaten innerhalb Mallorcas bzw. der Region Balearen vorgewählt werden. Telefonieren ist auf Mallorca teurer als in Deutschland – am besten von öffentlichen Telefonzellen mit Wertkarten (in Tabakläden erhältlich).

WETTERBERICHT

Im Fernsehen täglich auf Tve 1 (außer bei Fußballübertragung) um 21.40 Uhr oder auf Tve 3 um 21.10 Uhr (katalanisch), in den Tageszeitungen oder telefonisch (906 36 53 07, spanisch).
Die wichtigsten Begriffe: bruma = Dunst oder Nebel, cubierto = bedeckt, chubasco = Regenschauer, granizo = Hagel, lluvia = Regen, neblina = Dunst, niebla = Nebel, nieve = Schnee, precipitaciones = Niederschläge, sol = Sonne, tormenta = Gewitter, viento = Wind.

Wenn der Nebel über die Berge kriecht: Rückzug aus unbekanntem Gebiet!

Register